KB274675

중국사업,
진출에서
성공까지!

중국사업, 진출에서 성공까지!

김영우 지음

세창미디어

중국사업,
진출에서 성공까지!

펴낸날 | 2008년 7월 20일 초판 인쇄
         2008년 7월 25일 초판 발행
지은이 | 김영우
펴낸이 | 이방원
펴낸곳 | 세창미디어

주 소 | 서울시 서대문구 냉천동 182 냉천빌딩 4층

전 화 | 723-8660 팩 스 | 720-4579

e-mail | sc1992@empal.com

http://www.scpc.co.kr

신고번호 | 제300-1998-3호

값 15,000원

잘못 만들어진 책은 바꿔 드립니다.

ISBN 978-89-5586-083-2   13910

중국사업, 진출에서 성공까지! / 김영우 지음.
— 서울 : 세창미디어, 2008
    p. ;   cm (중국친하기 ; 03)

ISBN 978-89-5586-083-2 13910 : ₩15000

대중국 투자[對中國投資]

327.9811012-KDC4
332.6730951-DDC21   CIP2008002206

얼마 전 나는 하남성에 있는 초작시 무척현이라는 곳을 다녀왔다. 무척현정부에서 사업제의가 들어왔기 때문에 현지시찰을 위하여 그곳으로 출장을 간 것이다. 중국에서 '현'이란 우리나라의 '군'에 해당되는 작은 시골이다. 그곳에서 제의가 들어온 사업 아이템은 하남성의 드넓은 평야에서 생산되는 농작물의 가공 및 제조에 대량으로 소모되는 공업용 스팀을 공급하는 일련의 발전소사업이다.

우리는 흔히 중국 사업하면 중국의 상해, 북경 등지와 같은 대도시만을 생각하게 되는데 사실 중국에 투자한 외국기업체들을 보면 중국 방방곡곡에 없는 곳이 없을 정도로 골고루 분포되어 있다. 그런데 북경이나 상해와 같이 투자여건에 대한 정보가 많은 지역도 사업성을 조사해 투자를 결정하기가 쉬운 일이 아닌데 하물며 이처럼 전혀 듣도 보도 못한 중국 어느 시골 현 정부에서 사업제의가 들어오면 과연 사업성이 있는지 없는지를 판가름하기가 무척이나 어려운 일이다.

나는 중국투자 및 관련 업무를 15년 넘게 해왔다. 그 중 10년은 중국 현지에 파견 나가 중국인들과 부딪히며 현장에서 벌어지는 여러 가지 일들을 직접 체험해 봤다. 그리고 다른 기업이나 혹은 개인적으로 사업하는 이들에게 중국관련 자문을 해주다보니 우리나라에는 아직까지 경험을 통한 전문성을 띤 중국투자관련 서적이 없음을 깨달았다. 중국인이 누구이며, 중국문화에 대하여 소개한 책들은 최근 서

점의 진열대를 꽉 채울 정도로 많이 쏟아져 나왔지만 정작 중국 사업을 착수하는 데 필요한 실무를 다룬 책은 없다. 그래서 나는 중국 사업을 준비하는 이들에게 보탬이 되었으면 하는 마음에서 그간의 경험을 바탕으로 이 책을 준비하게 되었다.

나는 이 책을 통하여 어떻게 중국 사업진출을 준비하고 진출 후 어떻게 회사를 운영하여 결국 사업성공이라는 최후 승리의 깃발을 휘날리는지 분야별로 나누어 하나씩 하나씩 설명하였다.

중국 사업에 관하여 자료를 찾는 사업자들에게 필요한 정보가 되도록 관련 법률과 나의 경험을 혼합하여 집필하였다. 책의 앞부분은 간단한 중국 비즈니스문화에 대하여 소개하였고 본론 부분에는 중국 사업 성공을 위한 각 단계별 노하우를 설명하였으며 끝부분에는 중국에서 대박이 기대되는 성공 사업아이템 몇 가지를 소개하였다.

이제 중국도 인치(人治)보다는 법치(法治)를 앞세운 국제화 사회로 가고 있고 이에 발맞추어 중국 사업에서 성공하려면 관련 노하우와 법규를 확실히 알아야 할 것이다. 부디 이 책을 읽은 모든 독자들이 이 책 속에서 결정적인 정보를 발견하여 사업을 성공으로 이끌기를 바란다.

2008년 봄
만리장성이 시작하는 중국 진황도에서
김 영 우

Chapter 06　토지의 매입

Chapter _ 01

출장과 현지 파견

- 중국 가기 전에 준비할 일
- 중국파견, 출장 때 필수품은 무엇인가
- 호텔예약과 투숙은 이렇게
- 연일 계속되는 술자리에 자제력이 필요하다
- 한국 본사에 든든한 후원자를 두어라
- 중화인민공화국 역사에 대하여 알고 떠나라
- 중국의 휴일을 숙지하라
- 전임자로부터 중국직원에 대한 정보를 전수 받아라
- 조선족을 우리 편으로 만들어라

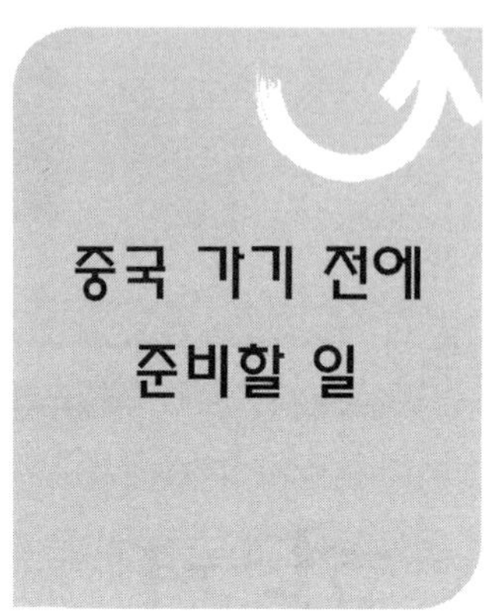

중국 가기 전에 준비할 일

중국 파견근무나 장기출장이 결정되면 우선 중국어가 가장 골치 아픈 문제가 된다. 이전부터 공부를 해온 상태라면 부담이 덜하겠지만 중국어를 전혀 모르는 상태에서 파견 발령을 받는다면 당장이라도 공부를 시작하는 편이 좋다. 내가 처음 중국에 파견 발령을 받았을 때, 나와 같이 중국현지 파견을 발령받은 현지법인장은 중국어를 전혀 모르는 터라 그에게 중국근무 발령은 한마디로 발등에 불이 떨어진 격이었다. 그는 학원에서 일주일에 세 번씩 3개월을 공부하고 떠났다. 열심히 3개월 정도 공부하면 상, 하권으로 구성되어 있는 일반적인 중국어 교재의 상권 정도는 마치고 갈 수 있다. 그는 중국 부임 이후 하루도 빼먹지 않고 혼자서 중국어를 연습했고, 일주일에 세 번씩 중국 대학생을 선생으로 모시고 개인지도를 받았다. 그렇게 약 1년 정도 배우니 그제야 겨우 듣고 말하는 것이 어느 정도 되었다. 그만큼 중국어는 한자, 발음 등에 있어 배우기가 힘든 외국어이기 때문에 가능한 하루라도 빨리 시작하는 것이 유리하다.

● 중국의 치과

다음으로 문제되는 것은 바로 치아이다. 중국은 한방이 발달되어 있어 한방치료를 받으면 웬만한 병은 다 치료할 수 있다. 다만 치아만은 한방치료가 되지 않으므로, 한국에서 진료를 받는 편이 좋다. 예를 들어 간단한 스케일링만 해도 그렇다. 중국에서는 이것을 '세아(洗牙)'라 하고 가격은 약 100위안(15,000원) 정도하는데 역시 한국과 비교해 보면 많은 차이가 있다. 우리나라에서는 스케일링을 하는 중간 중간에 물로 계속 입을 양치해 내지만 중국에서는 그렇지 않다. 간호원은 의자에 누운 환자에게 탈지면을 쥐어 준다. "침 뱉고 이것으로 닦으세요" 그러다 보면 입속은 피가 섞인 침이 치석가루와 범벅이 되어 입안이 개운치 못한데다가 탈지면도 제때 갈아주지 않아 핏빛을 머금은 끈끈한 침이 마치 고무줄처럼 바닥까지 죽죽 늘어지기 일쑤다. 그래도 스케일링을 하는 의사나 간호원은 아무렇지도 않게 생각한다. 그 정도로 중국인들은 털털하다. 이런 곤혹스런 상황에 빠지지 않으려면 중국 가기 전에 미리 치아 점검을 하고 떠나고, 중국

파견근무 중에 치아에 탈이 나거나 스케일링을 해야 할 것 같으면 한국에 들어오는 길에 치료할 것을 추천한다.

이 외에도 반드시 준비하여야 할 것은 중국에서 복수비자(Z비자)나 외국인거류허가증을 받을 수 있도록 인근 종합병원에서 신체검사를 받고 영문 신체검사서를 가지고 가야 하며, 자동차 운전면허증은 국제면허증으로 교체하여 가지고 가야 한다는 것이다. 국제면허증 교체는 관할 경찰서 교통과에 가면 즉시 처리해 준다. 다만 국제면허증을 중국에 가지고 가더라도 바로 운전할 수는 없다. 다시 중국 운전면허증을 받아야 하는데 국제면허증이 없으면 운전면허시험 자체를 치를 수 없다.

중국파견,
출장 때 필수품은
무엇인가

① 비 자

짧은 출장일 경우 단수비자를 받아 가면 무난하다. 여행사를 통하여 신청을 하면 2~3일 정도 걸린다. 물론 급할 경우 하루 만에 받을 수도 있지만 이럴 경우 급행료를 주어야 한다. 출장이 잦은 사람은 복수비자(Z비자)를 신청하는 것이 유리하다. 단수비자는 한 번만 사용하고 못 쓰는 반면 복수비자는 유효기간(1년) 이내에는 몇 번을 다녀도 상관없다. 대신 가격이 비싼 편이다.

중국으로 파견근무를 나가는 경우, 한국에서 단기비자를 발급받고 들어가도 무방하다. 다만 중국 현지 사무실에서 업무를 시작하기 전 반드시 관할 공안국 외사처(外事處)에서 장기복수비자로 교체하고 1년에 한 번씩 갱신하여야 한다. 중국에서 갱신하는 경우 비용은 약 3,000위안(45만원)이 든다. 물론 취업증, 거류증도 함께 신청하여야 한다.

② 노트북, 디지털 카메라, MP3

단기출장을 가는 경우 필기를 잘하면 노트북의 필요성을 그다지 못 느끼지만 장기출장이나 파견을 나가는 경우, 노트북은 업무를 정리하는 데 필수 불가결한 물품이다. 중국현지에서 회의하고 조사한 내용을 바로 정리하는 데도 사용하지만 무료한 시간에 인터넷, 게임을 한다든지 여러 모로 유용하기 때문에 가지고 가는 것이 좋다.

다음으로 중요한 것은 디지털 카메라이다. 파견근무나 출장은 자료수집이 중요한 만큼 사진으로 많은 근거를 남겨야 한다. 따라서 디지털 카메라는 꼭 챙겨 가야 하고 메모리칩도 가능한 한 용량이 큰 것으로 가지고 가야 한다.

또 하나 요긴하게 사용되는 것이 바로 MP3 플레이어다. 이것은 물론 한가한 시간에 음악을 들을 수 있어서 좋지만 중국인과 회의 때 이를 녹음하기에 안성맞춤이다. 호주머니에 넣고 상대방이 모르게 녹음을 한다면 정확한 회의록을 작성할 수 있으며 유사시에는 증거물로도 사용할 수 있다. 일반적으로 중국인들은 회의내용을 녹음한다고 하면 말을 잘 안 하려고 하기 때문에 호주머니에 넣고 가는 수밖에 없다. 그리고 MP3 플레이어가 긴요하게 쓰일 때가 있다. 중국을 돌아다니다 보면 좋은 아이디어가 떠오를 때가 많을 것이다. 이럴 때 호주머니에서 MP3 플레이어를 꺼내 바로 녹음을 해보라. 그 편리성을 실감할 것이다.

③ 상비약 (몸살 · 감기약)

일단 우리나라 약국에서 몸살 · 감기약을 지어가라. 중국은 대륙성 기후로, 우리나라처럼 대기중에 적당한 습기가 있는 것이 아니고 항상 강한 바람이 불거나 건조한 날씨가 지속되어 한국인 출장자들을 괴롭힌다. 특히 겨울철에는 어디를 가나 매캐한 석탄가스 냄새로 천지가 진동하기 때문에 이에 익숙하지 않은 외국인들은 항상 머리가 어지러운 상태로 다니게 된다. 내복도 안 입은 채로 살을 에는 듯한 바람을 맞기라도 하면 대번에 감기에 걸린다. 어디 그것뿐이랴. 저녁에는 중국측에서 대접하는 중국 독주를 마셔야 하는데 과음하는 날에는 그 다음날 십중팔구 몸살을 동반한 감기에 걸리고 만다. 이때 가장 좋은 약이 우리나라에서 지어 온 몸살·감기약이다. 중국 약은 백번 먹어도 잘 안 듣는다. 왜냐하면 중국인들은 원래 감기에 걸렸다 하면 약은 보조수단으로 먹는 것이고, 일단 병원부터 달려가 항생제 링거를 2~3일 맞기 때문이다.

　또 다른 상비약으로는 '정로환'을 들 수 있겠다. 물을 갈아먹거나 또는 음식이 안 맞아 생기는 배탈에는 정로환이 가장 잘 듣는다.

④ 과음에 대비할 약

　소주와 맥주에 길들여진 한국 사람들이 중국에서 갑자기 알코올 도수가 50여도나 되는 '바이주'를 마시는 것은 쉽지가 않다.

　"무슨 말씀? 내가 마셔보니 나는 완전히 중국술 체질이던데."

　바이주를 한두 번 마신다면 백이면 백 사람 모두들 그렇게 말한다. 하지만 중국 사람들은 투자를 성사시키기 위하여 밤에는 물론이고 낮에도 독주를 마시게 한다. 그러기를 무려 3일 연속으로 한다면 제아무리 날고 기는 주당들도 빨리 한국으로 돌아가고 싶은 생각밖에 들지 않을 것이다. 이럴 때 자기 몸을 지켜줄 방도를 마련하지 않으면 중국출장은 말 그대로 고역일 수밖에 없다. 좀더 약게 중국인과의 술 시합을 대비하기 위해서 식사에 참석하기 몇 시간 전에 '알마겔'이나 '겔포스' 등과 같은 위벽을 부드럽게 보호해주는 약과 간기능을 회복해 주는 '우루사'를 먹고 간다. 이것은 내가 다년간 사용한 방법으로, 중국출장을 가는 여러 사람에게 적극 추천한 결과 모두들 많은 효과를 보았다.

⑤ 로션과 스킨

물론 세면 후 얼굴에 아무것도 안 바르는 사람은 예외지만, 얼굴에 바를 로션과 스킨을 준비해야 한다. 왜냐하면 중국 호텔에는 로션과 스킨이 없기 때문이다. 이를 모르고 특히 겨울에 출장을 가는 경우 낭패를 보기 십상이니 주의하기 바란다.

| **중국출장 휴대품 리스트** |

여권, 항공권, 한중사전 소형 또는 전자수첩, 고추장(항공사에서 서비스로 주는 것을 많이 챙겨라), 인민폐, 달러, 상비약, 중국인 선물, 신용카드(마스터 · 비자), 면도기, 로션, 스킨, 저렴한 한국기념품(몇 개), 여행보험증, 내복(여름 제외), 휴대폰(로밍서비스), 지도, 명함, 우산, 전화카드(인천공항에서 구입), 디지털 카메라, MP3 플레이어, 소형 알람시계

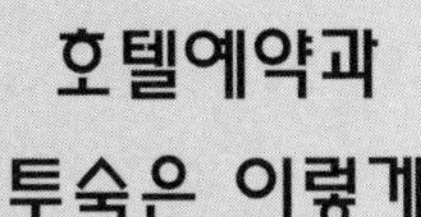

호텔예약과
투숙은 이렇게

중국어로 호텔은 보통 반점(飯店), 주점(酒店), 빈관(賓館) 등으로 부른다. 특히 '주점(酒店)'은 홍콩이나 대만에서 주로 쓰는 말이라 호텔이름에 '○○ 주점'이라고 되어 있으면 홍콩이나 대만인이 투자한 호텔인 경우가 많다. 일단 중국 호텔에 묵으려면 국제전화와 외화교환 그리고 외국인이 체류 가능한지부터 알아봐야 한다. 중국의 호텔등급은 1성급(星級)에서 5성급까지 있는데 일반적으로 외국인 숙박이 가능한 호텔은 3성급 이상이다. 요즘 중국은 시설이 잘 되어 있는 호텔의 수가 날이 갈수록 늘어나고 있으니 조금만 신경 쓰면 저렴하면서도 좋은 곳에서 안락하게 지낼 수 있다.

① 반드시 호텔예약을 하고 떠나라

한국에서 직접 중국에 있는 호텔예약을 하고 싶다면 전화로 하지 말고 인터넷으로 알아본 다음 팩스로 예약확인서를 수령한 후 중국으로 떠나는 것이 좋다. 일반적으로 3성급 이상 호텔은 예약 확인이 가능하다. 또 다른 방법으로는 중국 현지에 있는 여행사를 통하여 예약하는 방법이 있다. 중국의 웬만한 여행사에는 대부분 조선족 직원들이 있다. 또한 조선족들이 직접 운영하는 여행사도 부지기수로 많다. 대부분의 조선족들은 한국어를 유창하게 하므로 의사소통에는 전혀 문제가 없고 이들을 통하여 예약을 하면 무척 편리하다. 이런 여행사들은 인터넷을 이용해 바로 검색이 가능하며 한국에 있는 여행사를 통하여 소개 받을 수도 있다.

② 처음 방문이라면 공항에서 호텔셔틀버스를 이용하라

3성급 호텔은 확신할 수 없지만, 4성급 이상 호텔이라면 공항에서 호텔까지 무료 셔틀버스를 운행한다. 또 다른 방법으로는 조선족 여행사를 통했을 경우, 공항마중을 요청하면 소정의 수고료(약 100~200위안)를 받고 공항에 마중 나와서 호텔까지 동행하여 준다. 이때 잊지 말아야 할 점은 공항에 마중 나오는 직원의 휴대폰 번호를 알아 두는

○ 중국 진황도 Holyday Inn 호텔

것이다. 중국의 대도시는 교통체증이 무척 심한데다가 변화무쌍한 겨울철 도로여건으로 인해 제 시간에 도착하지 못하는 경우가 가끔 발생하기 때문이다. 이럴 때는 당황하지 말고 로밍한 휴대폰이나 공항 공중전화에서 전화카드를 한 장(30~100위안) 사서 그 휴대폰 번호로 전화를 하면 된다.

③ 숙박등기시에는 반드시 여권을 제시하여야 한다

단기출장을 간 사람이라면 당연히 여권을 소지하고 다닐 터이므로 여권제시를 요구할 때 아무런 문제가 없지만, 중국에 현지 부임한 사람이라 해도 다른 지역에서 호텔에 묵을 경우에는 반드시 여권을 제출하여야 한다는 사실을 기억해두기 바란다. 실제 중국에서 사는 파견자들의 경우 분실위험 때문에 그냥 다니는데, 아무 생각 없이 여권을 집에다 두고 출장을 나섰다가 낭패를 보는 경우가 있다. 물론 2성급 이하의 호텔에서는 여권검사를 안 하지만 안전성은 보장받지 못한다.

호텔 체크인을 할 때, 중국에서는 일반적으로 보증금을 요구한다. 보증금은 예정 숙박비 합계의 두 배를 받는다. 보증금을 현금으로 낼 경우 출장비 예산에 차질이 생기므로 신용카드로 보증금을 걸어 두는 것이 좋다. 일반적으로 신용카드 용지에 금액을 기재하지 않고 카드만 긁어 프론트 데스크에서 보관하고 있다가 퇴실할 때 숙박비 계산을 마친 후에 그 용지를 투숙객에 인계한다. 중국인들의 철저함을 엿볼 수 있는 습관이다. 퇴실할 때에는 반드시 신용카드 용지를 되돌려 받아야 하며, 현금으로 보증금을 낼 경우에는 보증금 보관증을 발급하는데 이것을 잘 보관하고 있다가 퇴실할 때 제출하여 맡긴 보증금을 찾아가면 된다.

④ 팁(Tip)은 주어야하나 말아야 하나

일단 호텔에 도착하면 종업원이 투숙객의 짐을 챙긴다. 가벼운 가방 몇 개라면 직접 들고 방으로 가면 되지만 무거운 짐이라면 종업원에게 맡기고 방으로 가지고 오도록 한다. 팁은 일반적으로 1불 또는 10위안을 주면 된다. 중국도 개방정책을 실시한 지가 벌써 25년이 넘기 때문에 팁 문화가 많이 정착되어 있다. 특히 호텔의 벨보이들은 팁으로 먹고 살기 때문에 짐을 옮기게 한 후, "그래, 수고 했어요"라고 이야기만 한다면 팁을 줄 때까지 안 가고 서 있을 것이다.

호텔방 청소를 한 대가로 팁을 주는 것은 그렇게 보편화되어 있지 않다. 3성급 이하 호텔에서는 일반적으로 지불하지 않아도 무방하지만 4성급 이상이라면 하루 10위안을 전화기 옆에 놓으면 된다. 물론 퇴실하는 날은 지불하지 않아도 된다. 중국 식당에는 종업원들이 매우 많은 편이다. 서빙하는 종업원이 테이블 당 한 명씩 있을 정도로 많다. 아직까지 식당에서 팁을 주는 것은 보편화되지 않았지만 서빙을 잘했다고 생각이 들거나 음식이 맛있었다면 나가면서 서빙한 종업원에게 10위안을 주면 된다.

⑤ 방안의 습도를 유지하라

중국은 워낙 바람이 많고 건조한 대륙성 기후를 가지고 있기 때문에 적절한 습도가 유지되는 쾌적한 환경에서 나고 자란 우리나라 사람들이 적응하기가 쉽지 않다. 게다가 호텔 객실은 중앙난방을 강하게 하기 때문에 겨울철에는 코로 숨을 못 쉴 정도로 건조하다. 가습기라도 있으면 좋겠지만 가습기가 없는 호텔이 대부분이기 때문에 이럴 때에는 항상 젖은 수건, 빨랫감을 훈풍이 나오는 정면에 걸어 놓으면 좋다. 아니면 화장실 바닥에 뜨거운 물을 뿌리고 화장실 문을 열어 놓고 자도 쾌적하게 잠을 잘 수 있다.

⑥ 주변의 한국식당을 찾아두라

단기출장이면 호텔에서 며칠만 아침식사를 하면 되니 큰 문제는 없지만 일주일 이상 되는 중장기출장일 경우 역시 한국 음식을 찾게 된다. 입맛을 잃게 되면 괜히 일할 의욕도 떨어지는 법이다. 그럴 때는 호텔 주위의 한국식당을 찾아서 아침식사를 하는 것도 괜찮다. 조선족이 극히 적은 중국의 남방지역이라든지 지방 중소도시의 경우 한국식당 찾기가 힘드니, 한국에서 작은 통의 고추장을 하나 사가지고 가서 밥에 쓱쓱 비벼 먹으면 입맛을 금세 되찾을 수 있다.

⑦ 아침 운동을 즐겨라

사람이란 환경이 달라지면 적응하는 데 꽤 시간이 걸리는 법이다. 게다가 밤에 술이라도 한잔 하게 될 것 같으면 다음날 컨디션 조절하는 것이 여간 힘든 것이 아니다. 아무리 출장기간이 짧더라도 아침운동을 하나 정하여 매일 규칙적으로 해두면 활력이 넘치는 상태로 출장업무를 수행할 수 있다. 수영장이나 헬스클럽이 있는 호텔이라면 저녁 때(중국은 새벽에 문을 여는 수영장이나 헬스클럽이 극히 드물다) 규칙적으로 운동을 하는 것이 가장 좋지만, 그것이 여의치 않다면 아침에 호텔 주변을 산책하는 것도 나쁘지 않다. 길거리에서 아침을 먹는 사람들, 아침시장에 진열된 먹거리들, 태극권이나 기공을 하는 사람들을 구경하면서 2~3킬로미터 정도 걸으면 정신적으로나 육체적으로 재충전되는 기분을 만끽할 수 있을 테니까.

중국에서 파견근무를 하다보면 술 마실 기회가 부쩍 늘어난다. 특히 가족을 동반하지 않은 단신 부임일 경우 그 횟수는 더더욱 많아진다. 그도 그럴 것이 술 마시고 늦게 들어온다고 옆에서 잔소리하는 사람도 없거니와 중국이란 나라가 비교적 물가가 싸기 때문이다. 나도 중국에서 10여 년간 파견근무를 하고 있는데 그중 첫 해는 단신 부임하여 혼자 지냈다. 타국에서 가족도 없이 혼자 지내다보니 일이 일찍 끝나는 날에는 저녁에 시간이 있어 한잔 하고, 일이 많은 날에는 격무에 시달렸다고 한잔 하게 되니 나의 파견 첫 해는 거의 매일 음주의 연속이었다.

따라서 중국에서의 파견근무나 장기출장은 무엇보다도 자기관리가 중요하다. 자기관리를 하지 않는다면 그저 술만 마시다 세월을 다 보내고 마는 무의미한 외국생활이 되고 말 것이다. 단신 부임하는 사람에게는 평일보다 주말이 더 큰 문제이다. 주말 낮에 마땅히 할 일이 없기 때문이다. 자기관리 측면에서 보자면 주말을 이용하여 가장

● 진황도 연산대학교 내의 주말대학 전경

하기 좋은 일은 바로 운동이다. 테니스, 골프는 한국보다 훨씬 저렴하기 때문에 손쉽게 시작할 수 있다. 특히 중국은 골프장이 많고 골프인구가 적기 때문에 골프를 배우기에는 안성맞춤이다. 또 다른 자기관리로는 공부를 하는 방법이 있다. 우리나라는 야간대학이 있는 반면 중국에는 '함수(函授)'라는 주말대학이 있다. 주말대학에 가보면 중국에서도 많은 직장인들이 학사학위를 받기 위하여 열심히 공부한다는 것을 발견할 수 있다. 주말대학에서 공부한다면 근무를 하면서도 중국유학까지 하는 일석이조의 효과를 얻을 수 있다. 연일 계속되는 술자리에 안 휩쓸리고 중국어 공부나 운동을 하는 등 자기관리를 철저히 하는 것이 보람된 외국생활을 하는 첫걸음이다. 뭐니 뭐니 해도 사랑하는 가족이 하루라도 빨리 중국으로 들어가 같이 사는 것이 안정된 중국파견 근무의 가장 좋은 해결책이긴 하지만.

한국 본사에
든든한 후원자를
두어라

어느 회사이건 중국파견 근무는 직원들의 선망의 대상이다. 해외근무를 나가게 되면 해외수당이 나와 한국에 있을 때보다 월급이 훨씬 많은데다가 중국은 물가가 싸기 때문에 파견기간 동안 적지 않은 돈을 모을 수가 있다. 또 자신은 물론 자녀들이 중국 현지에서 중국어를 확실하게 배울 수 있어서 웬만한 직장인들은 몇 년쯤 나가 있고 싶어 한다. 게다가 현지법인을 대표하는 총경리(總經理)로 파견 나가는 경우 마치 전방부대의 부대장처럼 본사의 간섭 없이 자율적인 권한을 많이 행사할 수 있어서 정년이 가까워오는 간부들일수록 그 자리를 선망한다.

하지만 중국으로 파견되어 총경리직을 맡는다는 것은 말처럼 쉬운 일이 아니다. 나의 경험으로 볼 때, 사실 중국 현지 합작사는 총경리 혼자의 힘으로 움직이기는 역부족이다. 우리와 문화적, 언어적 습성이 다른 중국인을 파트너로 삼아 함께 사업하는 것은 대단한 운영의 묘를 요하는 일이다. 때로는 동업자의 관계로 조화를 이루어야 하고 때로는 적대 관계에서 대치해야 하는 변화무쌍한 중국사업은 한국 본사의 지원 없이는 아무리 총경리라 해도 자기 자리를 지켜나가기가 힘들다. 총경리의 입장에서 중국 현지 합작사를 운영하다보면 한국사회의 상식으로는 도저히 이해할 수 없는 일들이 많다. 총경리가 "중국측 투자자가 이런 제안을 했기 때문에 현지사정을 감안하여 우리도 어느 정도는 따라 줘야 한다"라며 본사의 지원요청을 할 것 같으면, 본사에서는 그러한 현지사정을 이해하려하기보다는 무슨 일이든 한국적인 시각과 상식에서 벗어나지 않는 선에서 결정하려 한다. 이런 충돌이 자꾸 반복되다 보면 총경리와 특별히 끈끈한 인간관계가 없는 본사간부의 입장에서는 총경리에 대한 평가를 좋게 할 리가 만무하다. "중국에 나간 지 얼마나 됐다고 중국인 편을 드냐?", "그 사람 중국사람 다 됐구나", "나가서 본사를 위하여 한 일이 대체 뭐냐?" 운운하면서 현지에 나가있는 총경리를 색안경을 끼고 보는 경우가 많다.

따라서 중국 현지법인이나 합작사 총경리직을 수행하려고 떠나는 사람은 무엇보다도 본사에 든든한 후원자를 두어야 한다. 중국의 합작사를 살리기 위하여 어쩔 수 없이 한국적인 상식을 벗어난 결정이 필요할 경우, 그의 결정에 색안경을 끼지 않고 100퍼센트 동의해 줄 수 있는 후원자가 필요한 것이다. 그런 후원자가 본사내의 의사결정권자라면 더욱 좋고 그 수가 많을수록 합작사를 제대로 운영해 가는 데 도움이 된다.

중국사업의 성공 여부는 중국으로 파견하는 총경리가 얼마나 본사 창업자의 경영정신에 입각하여 투철하게 행동하느냐뿐만 아니라, 본사에 얼마나 든든한 후원자들을 두었느냐에도 달려 있다는 점을 본사 측에서 지원업무를 담당하는 사람들이 알고 있었으면 좋겠다.

중국에 출장을 가거나 파견근무를 하다보면 중국인들의 이상한 공통점에 놀라게 된다. 그것은 대부분의 사람들이 중국 현대사, 즉 중국 공산당 설립 이후의 역사는 정확히 알고 있어도 그전의 역사에 대하여는 우리나라 사람들보다도 잘 모른다는 것이다. 아마도 중국 사회주의의 권력 강화를 위한 교육 방침에서 야기된 문제가 아닌가 생각된다. 역설적으로 중화인민공화국 설립 이후의 역사에 대하여 잘 알고 있다면 사업을 같이 하려는 중국인들이 그런 외국인에 대하여 대단한 호감을 갖게 될 것은 자명한 일이다. 그런 의미에서 중화인민공화국의 정치·경제 연대기에 대하여 숙지해야 할 필요가 있다.

— 중국 정치 · 경제 연대표

1949년	10월	중화인민공화국 성립
1956년	5월	제8회 당대회 (유소기 보고 : 모택동 사상을 제거)
1958년	8월	대약진, 인민공사운동
1962년	1월	모택동 자아비판
1966년	8월	문화대혁명 결의
1969년	4월	제9회 당대회 (임표 보고)
1973년	8월	제10회 당대회 (주은래 보고 : 임표 제명)
1976년	4월	모택동 · 주은래 사망, 등소평 실각
1976년	10월	4인방 구속
1977년	8월	제11회 당대회 (화국봉 보고 : 문화대혁명 종식선언)
1978년	12월	등소평 실권 장악
1979년	7월	경제특구설치, 외자기업경영법 제정
1980년	5월	유소기 명예회복
1981년	6월	육중전회 (六中全會[역사 결의])
1982년	9월	제12회 당대회 (호요방 보고 : 독립주의노선)
1982년	12월	현 헌법 공포 · 시행
1987년	1월	호요방 실각
1987년	10월	제13회 당대회 (조자양 보고 : 사회주의초급단계론)
1989년	6월	천안문사태 (조자양 실각, 강택민 총서기 부임)
1992년	1월	등소평 남순강화
1992년	8월	한국 · 중국 수교
1992년	10월	제14회 당대회 (강택민 보고 : 사회주의시장경제)
1994년	1월	신 소득세법, 증치세 조례 등 제정, 외화태환권폐지

1997년	2월	등소평 사망
1997년	7월	홍콩 반환
1997년	8월	아시아 금융위기 발생
1997년	9월	제15회 당대회 (주용기 보고 : 국유기업개혁)
1999년	10월	계약법 공포 및 시행, 주용기 총리의 3대개혁
2001년	12월	중국 WTO 가입, 2008년 북경 올림픽 결정
2002년	11월	제16회 당대회 (강택민 보고 : 호금도 총서기, 3개 대표)
2003년	4월	SARS 발생
2003년	10월	유인우주선 발사
2004년	9월	호금도 3권 집권
2007년		제17회 당대회
2008년		북경 올림픽
2010년		상해 박람회

중국의 휴일을
숙지하라

중국은 한국보다 1시간이 늦다. 중국대륙은 동서가 길다. 동쪽 끝에서 서쪽 끝은 실제 4시간 차이가 나지만 중국은 전국적으로 북경 통일시간을 사용하고 있다.

중국의 가장 큰 명절은 춘절(春節 : 우리나라의 설에 해당)로 법정휴일은 3일이나 대부분의 직장들이 보통 7~10일 정도 쉰다. 휴가 이후 출근을 하더라도 원소절(元宵節 : 정월 대보름)까지 일없이 그럭저럭 지내거나 직원들이 끼리끼리 모여 골방이나 창고 같은 곳에서 마작을 하면서 보낸다. 춘절부터 원소절 사이에 치는 마작은 알면서도 눈감아 주는 것이 보통이다. 중국 파견 초기에 나는 회사의 기강을 잡는답시고 용기 있게 마작판을 급습하여 뒤엎은 적이 몇 번 있었다. 그렇지만 그들은 나의 말을 듣기는커녕 쉬는 기간인데 놀지도 못하게 한다고 불만이 상당했다. 심지어는 앙심을 품고 나중에 복수의 칼날을 들이민 사람도 있었다. 그러니 이 기간에는 그냥 여유롭게 일하는 것이 최고다.

이렇게 2주일이 지난다 해도 모든 휴가가 다 끝난 것은 아니다. 고향이 중국 북쪽 끝단 하얼빈에 있거나 서쪽 끝인 우루무치 등지에 있는 친구들은 고향으로 갔다가 거의 한 달을 꽉 채우고 돌아온다. 처음에는 중국인들의 이런 습성을 이해하지 못하여 이들과 마찰이 잦았다. 부하직원 중에 중국의 가장 동쪽에 위치한 길림성 훈춘시가 고향인 사람이 있었다. 이 친구가 춘절휴가 때 오랜만에 집에 가니 몇 가지 일을 좀 처리하고 오겠다고 하기에 언제 돌아오느냐고 물어보니 긴 말 않고 "며칠 걸릴 것 같다"고 하기에 나는 '한 일주일이면 돌아오겠구나!'라고 생각했다. 그런데 이 친구는 정확히 한 달을 고향에서 보내고 돌아왔다. 나 역시 한국인답게 조급성이 있는데다 중국 사정에 대하여 잘 모르던 시절이라 그 친구가 돌아오기 전에 책상을 치워버리고 말았다. 고향에 갔다 돌아온 그 친구는 자신이 해고되었다는 것에 대하여 몹시 화가 났고 주위의 직원들도 이런 한국인 간부의 처사에 말은 안 했지만 불만이 이만저만이 아니었다.

중국인들의 이런 휴일에 대한 관습을 모르고서는 직원들에 대한 노무관리를 제대로 할 수 없다. 중국의 최대 휴일은 춘절휴가이고 이때는 온 나라가 장기휴가에 돌입하며 국가에서 춘절기간만큼은 소비자 물가를 별도로 관리할 정도다. 또한 이런 일에 능숙한 일본 등 몇몇 외국인 투자기업들도 2월만큼은 중국인 풍습에 맞추어 조업 일정을 잡는 것이 보통이다. 부득이 휴일에 근무를 시키는 경우, 반드시 중국 노동법에 의거, 평소 일급의 300퍼센트에 해당하는 휴일근무수당을 지급해야 한다는 사실을 기억해두기 바란다.

★ 중국의 명절 일람표

일 시	명 칭	내 용	법정휴일수
1월 1일	원단	신년	1일
(음) 1월 1일	춘절	음력 정월	3일(실제 7~10일)
(음) 1월 15일	원소절	정월대보름(폭죽놀이)	–
3월 8일	부녀절	국제 여성의 날	근무여성만 반일
(음) 4월 5일	청명절	조상, 가족 납골당 방문	1일(2008년부터 실시)
5월 1일	노동절	국제 노동의 날	1일
5월 4일	청년절	국제 청년의 날	14세 이상만 반일
6월 1일	아동절	국제 아동의 날	13세 이하만 1일
(음) 5월 5일	단오절		1일(2008년부터 실시)
7월 1일		중국공산당창립기념일	–
8월 1일	건군절	공산당군혁명봉기기념일	현역군인만 반일
(음) 7월 7일	칠석		–
(음) 8월 15일	중추절	추석(월병 선물하기)	1일(2008년부터 실시)
10월 1일	국경절	건국기념일	3일
(음) 9월 9일	중양절	장수를 빌고 노인을 공경함	–

중국 현지법인에 새로 부임하는 파견자는 그곳 환경에 적응하기 위하여 최선의 노력을 다하여야 한다. 후임 직원이 빠른 적응을 원할 경우에 가장 중요한 일 중의 하나는 전임자로부터 중국인 인맥 및 인간관계 분석과 관련된 정보를 입수하는 것이다. 이런 과정 없이 후임자가 제대로 적응한다는 것은 너무나도 우스운 이야기에 지나지 않는다. 하지만 대부분의 전임자는 업무에 대한 인수인계만 하는 경우가 많으니 후임자 스스로가 무슨 수를 써서라도 이런 정보를 얻어내야 할 일이다. 특히 한국인 파견자가 바뀌는 과정에서 중국직원들로부터 다음과 같은 문제점이 발생하기 때문에 인간관계에 대한 정보는 특히 중요하다.

① 중국인들 특유의 정이 전임자에게 많이 쌓여 있다. 따라서 전임자에 대한 신임은 새로 부임하는 후임자가 상상했던 것보다 훨씬 두텁다. 그 신임이 지나쳐 후임자의 일하는 방식에 거세게 반발하는 경우도 많다. 심지어는 한국에까지 전화하여 전임자의 복귀를 요구하

는 경우도 있다.

　② 전임자가 떠나면 전임자 아래 일했던 중국인 직원들은 자신의 위치를 계속 확보하기 위하여 후임자를 으르거나 달래는 반면, 전임자시절 소외되었던 중국인 직원들은 후임자의 눈에 띄어 자신도 중요 직책을 맡기 위해 열심히 물밑 작업을 한다. 가장 흔히 쓰는 방법이 전임자시절 전임자를 포함한 그의 휘하에서 일하던 중국인들의 잘못한 점을 낱낱이 밝힌 투서를 보내는 것이다.

　따라서 후임자는 전임자로부터 반드시 회사 내의 중국인 직원 개개인의 신상에 대하여 정보를 얻어야 한다. 또한 그들이 권력쟁취를 위하여 벌이는 인사싸움에 휘말리지 않도록 조심해야 하며, 외부 중국인 인맥에 대한 정보를 얻어 이를 활용할 수 있어야 한다. 이 문제만 확실히 해결한다면 중국생활을 몇 년을 앞당겨서 하는 것이나 다를 바 없다. 그만큼 중국에서 사람을 파악하고 인맥을 형성하는 일이 힘들기 때문이다.

중국의 소수민족은 공식적으로는 55개로 분류되지만 언어와 복식, 생활습관 등으로 차별화되는 소수민족의 수는 무려 600여 개에 달한다. 소수민족은 중국 13억 인구의 1/10을 차지하고 분포면적은 2/3를 차지하고 있다. 그 중에서도 우리 동포(조선족)는 좀 남다르다고 할 수 있다. 왜냐하면 조선족은 한국이라는 모국을 별도로 가진 소수민족이기 때문이다. 이렇게 중국 국토 바깥에 고유의 국가를 가지고 있는 소수민족은 조선족밖에 없다.

중국 내에 있는 조선족과 잘 융합한다면 어느 나라보다도 중국사업에서 좋은 결과를 거둘 수 있다. 예컨대 일본기업 같은 경우 중국어 통역을 구하는 것조차 쉽지 않다. 대학에서 일본어를 전공한 중국인들을 채용해야 하는데 그만한 재원이 많지 않기 때문이다. 이것은 비단 일본기업뿐만 아니라 중국에 투자한 외국기업들에게는 모두 해당되는 이야기이다. 하지만 한국기업체는 예외다. 조선족이라는 풍부한 인적 자원이 있기 때문이다.

내가 잘 아는 사람 중에 중국에서 사업하는 재미교포가 있다. 그녀의 고모는 조선족으로 중국 지방정부 행정부 내에서 통역 겸 고위직을 맡고 있었다. 고모는 미국에 있는 그녀의 아버지에게 중국 북경 근교가 올림픽 때문에 전부 재개발에 들어가니까 지금 포클레인을 몇 대 구입하여 보내주면 도시에 산재한 구 건물 철거작업에 투입하여 막대한 이익을 뽑을 수 있다고 제의했다. 그녀의 아버지는 퇴직금과 집을 팔아 마련한 자금을 그 고위직을 맡고 있는 사촌 여동생에게 빌려주었다. 고모는 그 자금으로 포클레인을 4대 구입한 뒤에 철거작업을 통해서 막대한 돈을 벌어들였지만 정작 자금을 빌려준 그녀의 아버지에게는 이익금은커녕 포클레인 1대 값밖에 안 되는 돈만 돌려주었을 뿐이다. 아버지가 집까지 팔아서 투자한 돈을 돌려받지 못하여 어떻게 손도 못쓰고 절망감에 빠져 있을 때 막내딸인 그녀가 용기 있게 중국으로 찾아와 고모와 담판을 벌여 고모의 사과는 물론 투자한 원금과 얼마간의 이익금을 받아내었다. 지금 그녀는 미국에 다시 집과 가게를 마련했고 중국에서도 미장원 사업으로 돈을 잘 벌고 있다. 그녀의 고모는 "아무리 사촌오빠라 해도 돈 많은 사람이 그까짓 돈 때문에 중국까지 찾아오겠는가"라고 욕심을 부렸던 것이다.

중국에서 사업을 해본 사업가 중에는 이처럼 조선족의 욕심 때문에 고생을 한 사람이 적지 않다. 하지만 그렇다고 이들을 멀리하면 할수록 조선족과 우리나라 사람간의 불신의 골만 깊어질 뿐이다. 우리나라 사람들이 여느 중국인과는 조금 다르게 형제애를 가지고 이들을 대해 준다면 중국에서 어느 나라 기업보다도 큰 성과를 거둘 것으로 믿는다. 중국인들이 대만출신이건 본토 출신이건, 아니면 유럽, 미국에 있는 화교이건 같은 중국인들끼리는 똘똘 뭉치는 점은 우리가 본받아야 마땅하다.

중국인과의 첫 대면

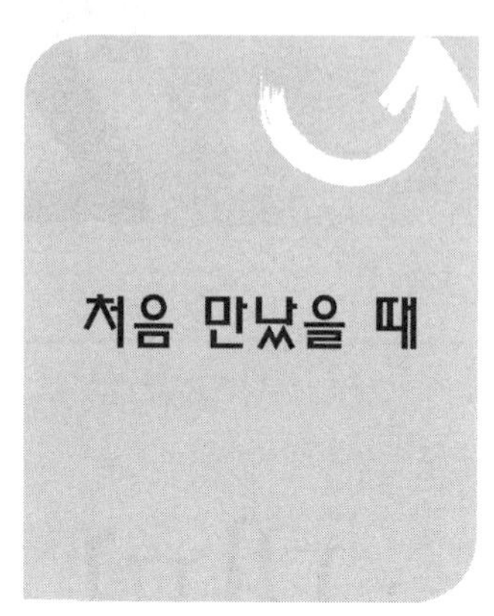

처음 만났을 때

중국인들은 우리나라 사람들처럼 악수를 할 때 다른 한 손으로 악수하는 손을 받치고 깍듯하게 허리를 굽혀 하지 않는다. 계급의 위아래나 나이의 많고 적음을 떠나서 모두들 편안하게 한 손으로 악수를 한다. 예의범절 면에서 보자면 우리의 습관에 비하여 무례해 보일지 모르지만 서로 당당하고 평등하게 악수를 주고받는 것이 이들의 문화라는 점을 이해해야 한다. 또한 중국 여성들은 어느 나라 여성보다도 당당한 면이 있어 비즈니스 석상에서는 여성 쪽에서 악수를 먼저 청하는 경우도 많다는 점은 무척 이채롭다.

초면에는 주로 '니하오(你好)'라는 인사말을 많이 사용한다. 이것은 우리나라 말의 '안녕하십니까'에 해당한다. 처음 만났을 때 사용할 만한 간단한 중국어는 다음과 같다.

你好	(니 하오)	안녕하십니까.
我是 ○○○	(워 쓰 ○○○)	저는 ○○○입니다.

天气很好　　　　（티엔치 헌 하오）　　　날씨가 참 좋습니다.

天气很熱　　　　（티엔치 헌 러）　　　　날씨가 참 덥습니다.

天气很冷　　　　（티엔치 헌 렁）　　　　날씨가 참 춥습니다.

你的身体眞棒　　（니 더 썬티 쩐 빵）　　체격이 참 좋습니다.

好喝　　　　　　（하오 허）　　　　　　차가 맛있군요.

坏境不錯　　　　（환징 부추어）　　　　사무실이 멋있습니다.

長的好看　　　　（장 더 하오 칸）　　　잘 생기셨습니다.

很漂亮　　　　　（헌 피아오량）　　　　참 예쁘시군요.

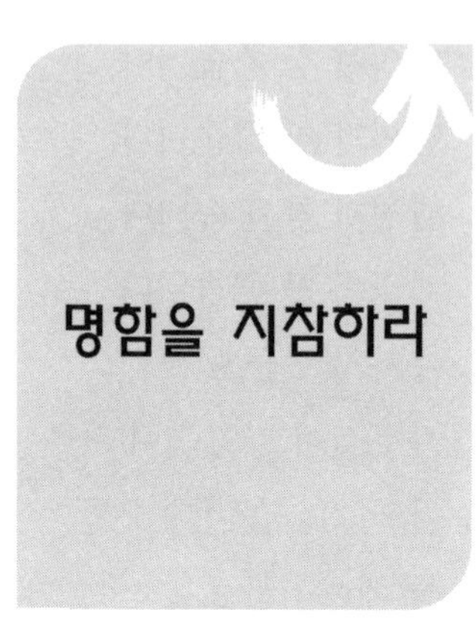

악수를 나누고 난 후 이어지는 행동은 바로 명함 교환이다. 명함을 깜박 잊고 가서 낭패를 보는 경우는 없도록 하자. 중국인들의 경우 예전에는 명함이 없는 사람들이 많았으나 요즈음은 명함을 주고받는 것이 보편화되었다. 중국인들은 한자권에 있는 나라의 인명을 중국어 발음대로 부르는 것이 보통이다. 예컨대 한국인 이름이 김대명(金大明)인 사람이 있다고 하면 중국인들은 그를 '김대명 씨'라고 부르지 않고 중국어 발음대로 '찐따밍'이라고 부른다. 따라서 명함에는 반드시 한자 이름과 한자 회사명이 들어가 있어야 한다. 여기서 한발 더 나아가 명함 뒷면에 자신의 이름을 중국어 발음대로 영문(한어병음)으로 써 넣는다면 중국인들이 더욱 더 잘 기억할 것이다. 그러니까 김대명 씨의 경우 명함 뒷면에 'Kim Dae Myung' 대신 'Jin Da Ming'이라고 쓰는 것이다.

그리고 중국인들의 명함을 보면 대략적으로 상대방 회사의 종류·규모를 판단할 수 있다. 중국은 모든 기업을 공상행정관리국(工商行政

⭮ 중국의 명함들

管理局)에 등록하도록 되어 있다. 이때 기업 이름도 신청하게 되는데, 신청한다고 모두 받아들여지는 것이 아니라 공상행정관리국에서 심사, 비준을 해야 사용이 가능하다. 기업 명칭을 정하는 원칙이 '지역명[(省, 市, 自治區, 縣) + 업종 + 기업특징]'으로 되어 있기 때문에 회사이름만으로도 대충 어느 지역에서 무엇을 하는 회사인지 알 수 있다.

회사명에 '중국(中國), 중화(中華), 국제(國際)'란 글자는 마음대로 사용할 수가 없다. 이 3개의 명칭을 사용하기 위해서는 정부 관련 기관의 비준을 받아야 한다. 따라서 회사명에 이것이 들어가 있으면 중국을 대표할 수 있는 전국적인 규모의 대형 수출입기업, 대형 기업그룹 등으로 판단하면 된다. 이러한 대규모 기업으로는 〈중국중화집단공사(中國中華集團公司, SINOCHEM)〉, 〈중국은행(中國銀行)〉, 〈중국전신집단공사(中國電信集團公司, CHINA TELECOM)〉, 〈중국이동통신집단공사(中國移動通信集團公司, CHINA MOBILE)〉 등이 있다.

반면 회사 명칭에 중국이나 대도시 지역명이 들어 있지 않고 '~경

47

무유한공사(經貿有限公司), ~상무유한공사(商貿有限公司)'등으로 끝난다면 규모가 크지 않고 자본금 규모가 10만 위안(약 1,500만원) 이하의 소규모 업체라고 생각하면 된다.

중국기업의 명칭에 가장 많이 사용되는 '~유한공사(有限公司)'는 우리나라 개념의 유한책임회사로 최소 자본금은 제조/도매업은 50만 위안(약 7,500만원), 소매업은 30만 위안(약 4,500만원), 서비스업은 10만 위안(약 1,500만원) 정도이다.

중국인들의 명함을 보면 그들이 어느 정도의 신용도를 갖고 있는지도 알 수 있다. 중국기업의 명칭에 '~집단공사(集團公司)'라는 글자가 있으면 그 회사는 자회사(分公司)를 거느린, 하나의 기업이 아닌 우리나라의 그룹(Group) 개념이라고 생각하면 된다. 이것 역시 회사이름에 함부로 사용할 수 없다. 또한 '~공고공사(控股公司)'라는 문구가 있으면 그것은 지주회사를 의미하는 것이다. 이런 기업은 자본금 규모가 크기 때문에 상대적으로 신용도가 높고 믿을 만한 기업으로 판단해도 괜찮다.

또한 회사 명칭이 '~구분유한공사(股份有限公司)'로 표기되어 있다면 이 역시 신용도에 문제없는 신뢰할 만한 기업으로 생각해도 된다. 왜냐하면 중국에서 구분유한공사는 주식회사를 의미하며 자본금이 최소 500만 위안(약 7억5000만원) 이상이어야 등록이 가능하기 때문이다.

그러므로 중국측 파트너의 회사가 의심될 때에는 망설일 필요 없이 소재지 공상행정관리국에 가서 명함에 나와 있는 회사에 대해 문의해보면 된다. 상호만 정확하게 알려주면 기초 정보(설립연도, 등록자본금, 법정대표, 자산현황 등)를 즉시 확인할 수 있다.

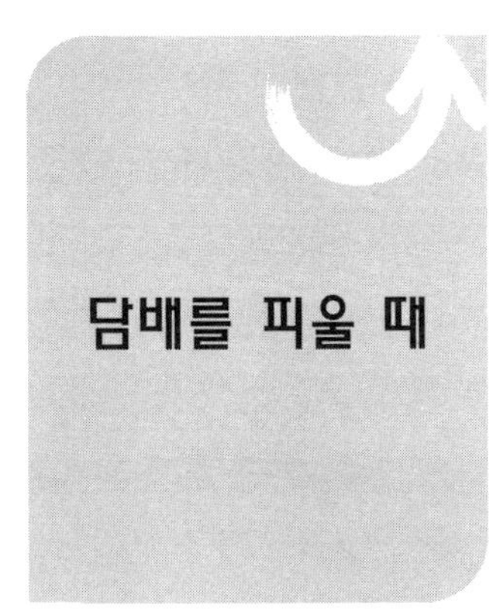

담배를 피울 때

명함 교환 후 회의가 시작되면 중국인들은 자연스럽게 담배를 입에 문다. 그리고 반드시 상대방에게 담배를 권한다. 우리나라 사람들의 습관은 "실례지만, 담배 한 대 피워도 되겠습니까?" 하고 자신이 담배 피우는 것에 대하여 상대방에게 허락을 얻는 것이지만 중국인들의 습성은 좀 다르다. 이들은 일단 거기 모인 모두가 담배를 피우는 것으로 전제하므로 자신이 담배 피우는 것에 대하여 물어보지 않고 바로 상대방에게 담배를 권한다. 하지만 이것은 상당히 예의를 갖추어 권하는 것이다. 원래 중국인들은 선후배, 직위고하를 막론하고 잘 아는 사이끼리는 담배를 권할 때 주로 던진다. 담뱃갑에서 담배 한 개비를 뽑아 상대방에게 냅다 던지면 상대는 군말 없이 받아서 피운다. 외국인과의 만남에서 초면에 이렇게 담배를 던져주면서 피우라고 하는 사람은 없겠지만 그래도 가끔가다 한두 명씩 있으니 이런 일을 당하더라도 놀라거나 무례하다고 불쾌하게 생각하지 말아야 한다. 이것은 외국인을 무시해서가 아니라 원래 이들

○ 중국의 담배들

의 습관이 그렇기 때문이다. 담배를 권했는데 평소 담배를 안 피우거나 피우기 싫다면 간단하게 손만 내저으면 된다. 중국어로 의사를 전달하고 싶다면 "워 부 초우엔(我不抽烟 : 저는 담배를 피우지 않습니다)"이라고 말하면 된다.

참고로 알아둘 것은 중국 담배는 상당히 독하다는 것이다. 중국인들이 즐겨 피우는 담배는 우리나라 담배에 비하여 타르, 니코틴 함유량이 훨씬 많아서 한국에서 부드러운 담배만 피우던 사람들이 중국 담배를 몇 모금 빨면 목이 탁탁 막히고 금방 기침이 나오게 된다. 때문에 중국에 단기출장을 갈 경우에는 공항 면세점에서 반드시 한국 담배를 사가지고 가야 한다. 중국에서 한국 담배가 떨어져 하는 수 없이 중국담배를 며칠 피우다보면 기관지염으로부터 시작하여 몸 상태가 나빠져 심하면 몸살을 앓는 경우도 있다.

50

선물은
경의의 표시이다

중국은 예로부터 중국이 세상의 중심이라는 중화
(中華)사상을 가지고 있다. 오랜 역사를 두고 주변국, 심지어는 멀리
떨어진 유럽의 여러 국가로부터 그 지역의 특산물을 받아 왔고 그것
을 중국에 대한 경의의 표시로 여기고 있다. 1793년 영국왕 조지 3세
는 특사를 청나라 건륭제에게 보내어 통상을 요구한 적이 있다. 이때
700여 명에 달하는 영국통상사절단은 최신 망원경, 지구의, 시계, 공
기총, 마차 등 당시 영국의 특산품들을 황제에게 잔뜩 선물로 주었
다. 결국 통상은 이루어지지 않았지만 당시 영국도 중국과 수교를 하
기 위하여 당시로서는 가장 값비싼 물품들을 선물로 가지고 갔었다.

이처럼 중국인에게 있어서 선물이란 서로간의 마음을 열어 주는 중
요한 역할을 한다. 내가 중국사업 때문에 중국을 처음 방문하였을
때, 우리 회사는 중국측 사업파트너에게 줄 선물을 그리 신경 쓰지 않
고 기존의 회사 기념품으로 준비하여 전달하였다. 문제는 몇 달 후
다시 중국을 방문하였을 때 일어났다. 그때 우리 회사와 같이 그 사

업을 추진하던 다른 한국 회사는 우리 회사보다 규모도 작고 합작사업의 소유지분도 우리보다 적었기 때문에 우리 회사가 명실상부한 그 합작사업의 한국측 대표라고 할 수 있었다. 그런데 두 번째 방문을 맞이하는 중국측에서 회의를 주재하면서 그 회사 사람들에게 상석을 내어 주는 것이 아닌가! 회의를 마치고 식사를 하러 간 식당에서도 중국측은 상석을 그 회사 사람들에게 내어 주었다. 나는 중국인들의 그런 태도가 몹시 불쾌했었는데, 나중에 그 이유를 알고 나서 또 한 번 놀라지 않을 수가 없었다. 첫 번째 출장을 갔을 때 우리 회사는 회사 기념품으로 제작된 온도계를 중국측에 선물했던 데 비해 다른 한국회사는 순금으로 행운의 열쇠를 제작하여 그것을 중국측 대표에게 조용히 전했다는 것이다. 중국측 대표는 아마도 우리가 준 선물은 상자를 뜯자마자 사무실 한 구석에 던져두었을 것이고 다른 한국회사가 준 선물은 생각지도 못한 금붙이가 들어 있으니 "앞으로 친하게 지낼 사람들은 바로 이 사람들이다"라고 결론을 내리고 그런 행동을 했을 것이다.

그 뒤로 나는 중국 출장을 갈 때 항상 선물에 신경을 썼다. 비싼 것이 아니라도 한국측의 성의를 충분히 표시할 수 있는 특별한 선물을 골라서 가지고 갔다. 선물을 고위간부, 중간간부, 일반직원 것으로 구분하여, 고위간부들 것으로는 면세점에서 파는 양주, 한국산 고급 여성용화장품, 정관장 홍삼세트 등을, 중간간부 선물로는 한국산 남성용, 여성용 화장품을, 일반직원 것으로는 선 캡(모자), 머플러 등을 전달했다.

누구를 막론하고 중국인을 만날 때는 경의의 표시로 정성이 담긴 선물을 준비한다면 협상에 긍정적인 영향을 미칠 것이다. 하나 덧붙이자면, 가끔씩 현지에 파견 나간 한국인 근무자에게 줄 선물이 필요한 경우도 있었다. 그때는 명란젓 등 젓갈류나 구운 김처럼 먹거리가 좋은 반응을 얻었다.

한편 중국인들이 금기시하는 선물은 시계이다. 시계는 중국어로 鐘(zhong, 종)이라고 하는데 이것은 중국어로 '끝나다'를 나타내는 終(zhong, 종)과 발음이 같기 때문이다. 사업적인 관계에서 시계를 선물하는 것은 그 사업의 관계를 끝내자는 의미로 곡해될 수가 있다. 또한 연인이나 부부에게는 우산을 선물하지 않는다. 중국어로 우산은 傘(san, 싼)이다. 중국어로 '헤어지다'라는 散(san, 싼)과 발음이 똑같다. 따라서 사업관계나 결혼식 선물로 우산은 부적절하다. 같은 맥락에서 梨(li, 리)는 과일의 배를 뜻하는데 离(li, 리)는 이별하다를 뜻하기도 한다.

중국어는 뜻글자이기 때문에 그 많은 한자어에 발음을 달다보니 같거나 비슷한 발음의 한자들이 많아서 이런 현상이 일어나는 것이다. 중국인들은 이런 사소한 것에 여러 가지 의미를 부여하기 때문에 중국인들이 터부시하는 선물은 가급적 피하는 것이 좋다.

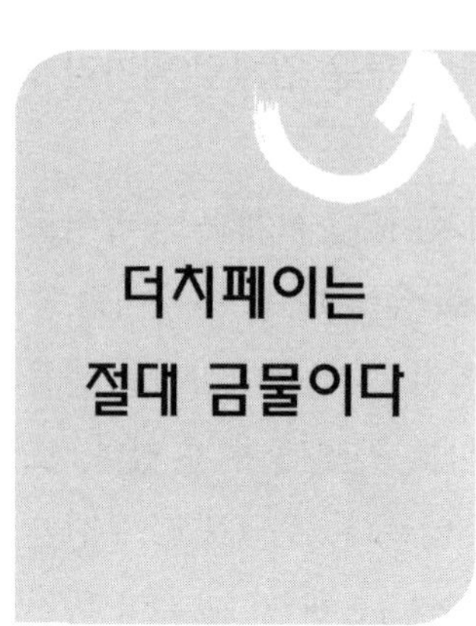

우리나라의 젊은이들이나 대부분의 일본인들을 보면 자기가 먹은 것은 10원짜리 동전 한 닢이라도 계산기로 두드려서 자기가 내는 이른바 더치페이가 생활화되어 있다. 중국에서는 이것을 'AA식(式)'이라고 부르는데 중국사업에 성공하려면 절대로 AA식을 사용해서는 안 된다. 중국어에는 '칭커(請客)'라는 말이 있다. 이것은 우리나라 말의 '한턱내다', '쏘다'라는 말에 해당한다. 중국인들은 누구와 만났다 헤어질 때면 "다음에 봅시다"라는 인사 대신 "워칭커(我請客 : 내가 한번 쏠게)", "워칭니(我請你 : 내가 한턱 살게)" 등 주로 식사나 술자리에 초대하는 것을 인사말로 삼는다. 그 정도로 중국인에게 있어서 남을 대접하는 일은 그들의 사상 속에 깊숙이 박혀 있는 오래된 관습 중에 하나이다.

언젠가 나에게 중국어를 가르쳐 주었던 중국인 대학생의 이야기는 중국인들의 이러한 습성을 잘 표현해 준다. 이 친구 말에 따르면, 자기는 학교에서 8명이 모이는 스터디 그룹이 있으며 자기들끼리 한 달에 한 번씩 돌아가면서 밥을 산다고 했다. 중국인들에게 있어 웬만큼 괜찮다는 식당에서 자기 돈으로 밥 먹기가 그리 쉽지 않다. 한 끼 식사가 보통 200~300위안(약 30,000원~45,000원) 정도 나오는데 월급 800위안(약 12만원) 받아가지고는 정말 턱도 없는 이야기이다. 그런데 벌이가 전혀 없고 시골집에서 한 달에 용돈 100~200위안(약 15,000~30,000원)씩 근근이 타 쓰는 대학생들조차도 칭커에 목숨을 거는 것을 보니 참으로 중국인들에게 있어 남을 위한 대접이 생활의 일부분으로 얼마나 깊숙이 자리 잡고 있는지를 실감할 수 있었다. 칭커에도 특유의 법칙이 있다.

첫째, 어떤 이가 한턱을 대접하면 상대방도 조만간에 반드시 한턱을 내야 한다. 이렇게 주거니 받거니 해야 하는데 만약 일방적으로 한쪽만 연속으로 2~3번 사게 되면 그 관계는 바로 끝나 버린다. 이것은 필자인 내가 보장한다. 주위에서 이런 경우를 몇 번 봐왔기 때문이다.

둘째, 축구에 보면 '홈 앤드 어웨이(Home and Away)' 경기 방식이라는 것이 있는데 중국식 한턱사기를 할 때에도 이것이 적용된다. 홈 경기에서는 주로 자신이 사고, 어웨이 경기에서는 그쪽 주인이 대부분 쏜다. 그러니까 중국에 출장가면 중국인들이 융숭한 대접을 해주고 반대로 중국인들이 한국에 오면 한국인이 그들에게 푸짐하게 사주는 것이다.

우리 회사는 중국사업 초창기에 이런 것을 잘 몰랐다. 한번은 중국 요녕성 안산시에서 합작사업 협의차 손님들이 왔는데 일단 우리 돈으로 설악산 콘도를 잡아 주고서 '콘도는 우리가 잡아 주었으니 밥은 지네들이 알아서 먹거나 한턱내겠지'라고 생각하고 있었다. 그 날 저녁 중국인들은 당연스레 '왜 밥 먹자는 소리를 안 하나?'하고 자기네

들 방에서 꼬르륵거리는 배를 움켜쥐고 밤을 지새웠다. 결국 그 사업은 매우 신속하게 끝나고 말았다.

이처럼 중국인에게 있어 '한턱내다', '내가 쏜다'는 서로의 정과 신뢰를 증명해 보이는 척도이기 때문에 괜히 이들 앞에서 'AA식'을 사용해 제2의 설악산콘도와 같은 일이 발생하지 않기를 바란다.

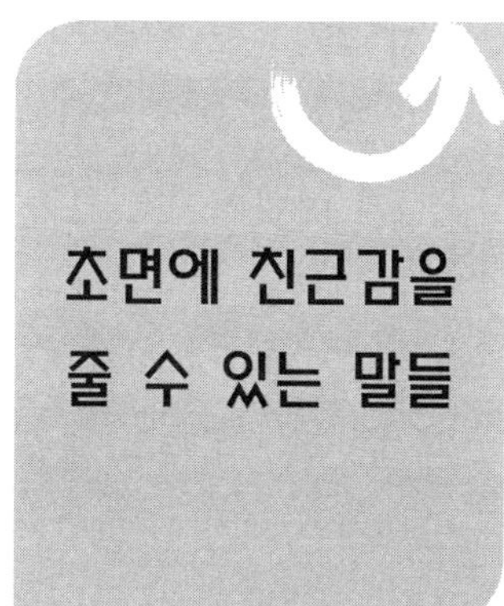

처음 만나는 자리에서 상대방에게 친근감을 줄
수 있는 말들은 동서고금을 막론하고 비슷한 것 같다. 중국사업을 위
한 중국인들과의 만남에서 사용되는 말도 크게 상식에서 벗어나지
않는다.

① 기 후

중국사업석상에서 가장 먼저 운을 떼는 주제는 바로 기후와 날씨에
관한 이야기이다. 아마도 이것은 중국측에서 먼저 사용하게 되는 경
우가 많을 것이다.

"서울의 날씨는 이곳과 비교하면 어떻습니까?"

"한국의 겨울도 이곳처럼 춥습니까?"

"한국의 여름도 이곳처럼 덥습니까?"

②가 족

　가족 소개는 가장 무난한 대화소재이다. 중국인들 역시 우리나라 사람들과 마찬가지로 가족 중심적이다. 따라서 가족에 대하여 상세하게 물어보는 경우가 많다. 특히 부인의 직업에 대하여 묻는 이가 많다. 그럴 때마다 대부분의 우리나라 사람들은 "아무 것도 안 한다, 그냥 가정주부다"라고 대답한다. 그러면 중국인들은 왜 집에서 노는지 도무지 이해가 안 간다는 표정을 짓는데, 그도 그럴 것이 중국인들 대다수는 맞벌이를 하기 때문이다.

③축 구

　우리나라 사람들도 축구를 좋아하지만 중국 사람들도 이에 못지않게 축구를 좋아한다. 물론 국가대표 팀의 전적이야 우리가 월등히 우세하지만 국민적 스포츠로서 축구에 대한 그들의 열의는 대단하다. 중국에서는 유럽 축구리그를 텔레비전 정규방송 프로그램에 편성해 놓고 있으며, 자국 축구리그는 물론 유럽 축구리그 승부 알아맞히기 복권이 대단히 성행했을 정도이다. 일반인들은 유럽 프로축구팀 이름과 거기서 뛰고 있는 선수들의 이름을 줄줄 외고 있을 정도이다. 중국인들과 회의를 하다보면 이들로부터 우리나라 프로리그의 팀 이름과 어느 선수가 잘하고 어느 선수가 슬럼프에 빠졌다는 등의 소식을 전해 듣게 되는 경우도 많다. 망신당하지 않으려면 유럽이나 중국 프로축구에 대해서는 몰라도 우리나라 프로축구에 대한 기본지식쯤은 알고 떠나야 할 것이다. 당신은 현재 K리그 1위를 달리고 있는 팀이 어느 프로팀인지 알고 있는가?

중국의 각종 기관이나 조직의 직위 명칭은 상당히 복잡하다. 우리나라의 그것과는 사뭇 다른 점이 많다. 예컨대 우리나라에서 '주임'이라고 하면 회사의 말단 사원이 갓 진급하였을 때 달게 되는 호칭인 반면, 중국에서 '주임'이라고 하면 회사에서는 우리나라의 부장급에 해당하고 관공서에서는 최고책임자를 나타내는 말이니 가히 가공할 파워의 직책이다. 내가 한번은 중국 파견근무기간 중 잠시 짬을 내어 한국에 가서 오랜만에 동창들을 만난 적이 있었다. 그때 내가 중국 명함을 내주었더니 친구들이 "쯧쯧쯧…. 야, 넌 여태 주임이냐?"라고 혀를 차는 것이다. 이렇게 다른 문화권을 이해하지 못하면 무식하다는 소리를 듣게 되는 법이니 독자 여러분도 여기 나오는 중국 직위 명칭을 잘 이해해 두었다가 중국인을 만났을 때, 나의 친구들처럼 실수를 범하지 않기를 바란다.

① 정부행정기관 (높은 직책 순으로)

부장(장관), 사장, 국장, 청장, 처장, 과장, 성장, 시장, 구장, 현장

② 민간기업

동사장(이사장), 총경리(사장), 부총경리(부사장), 주임 · 경리(부장),
과장(과장) 등

③ 공장

창장(공장장), 차간주임(반장), 공정사(기술자), 기술원(기능사) 등

④ 과학연구사업단체

원장, 소장, 원사, 교수, 연구원, 연구실 주임 등

⑤ 대학교

교장, 원장, 주임, 교수, 강사 등

⑥ 군사조직

사령원, 정치위원, 참모장, 군장, 여장, 단장, 영장, 연장, 배장,
반장 등

⑦ 공산당조직

서기, 부서기, 부장, 국장, 처장 등

또한 중국에서는 호칭의 앞글자만 딴 약칭을 많이 사용한다. 예
컨대,

멍한 총경리 → 멍 총

핑해 공정사 → 핑 공

왕창 국장 → 왕 국

길거리에서 모르는 사람에게 길을 물어 볼 때는 보통 시엔성(先生),
뉘쓰(女士) 또는 스푸(師傅) 등을 사용한다. 또한 회의석상 등 공식적
인 자리에서는 상대방을 부를 때 퉁즈(同志)라는 호칭을 사용하는 경
우도 많다.

Chapter 03

중앙정부와 지방정부의 사업승인 범위

- 중앙정부와 지방정부의 사업승인 범위
- 우선적으로 관련 법률을 파악하라
- 중국어로 말하기

- 중요한 회의라면 꼭 한·중 양측에서 각각 1명의 통역을 두라

중국투자에 있어 중앙정부와 지방정부의 사업승인 범위에는 차이가 있다. 총 투자비가 1억 달러 이상이면 중앙정부의 승인을 필요로 하고 그 이하인 경우 지방정부의 승인을 받는다. 예전에는 3,000만 달러를 기준으로 승인의 범위가 구분되었으나 현재는 1억 달러로 상향조정되었다. 그만큼 중앙정부에서 지방정부에 권한을 많이 부여한 셈이다. 중앙정부에서 사업허가를 받으려면 보통 몇 년씩 걸린다. 그래서 중국 지방정부는 외국의 대형투자자들을 자기 지역에 유치하기 위하여 편법을 사용한다. 그것은 총 투자비를 2회 또는 3회로 나누어 지방정부 승인 범위 내에서 승인을 받을 수 있도록 만드는 것이다. 예전에 사업승인 기준이 3,000만 달러였던 시절, 우리 합작 사업은 총 투자비가 약 3,500만 달러가 되었기 때문에 중앙정부의 승인을 받아야 했다. 그러나 중국측 투자자는 이것을 1기 투자 2,998만 달러로, 나머지는 2기 투자 금액으로 나누어 지방정부 승인사업으로 만들었고 덕분에 1년 만에 사업승인을 받을 수 있었다.

○ 하북성 진황도 개발구 정부청사

이처럼 지방정부 승인을 받으면 사업허가가 빨리 나와 사업진행을 비교적 신속하게 할 수 있다는 유리한 점이 있지만 그렇다고 불리한 점이 전혀 없는 것도 아니다.

우리 합작회사는 열병합발전소로 석탄을 주요연료로 사용하고 있다. 중국의 석탄가격은 최근 몇 년 사이 급격한 가격폭등을 겪었고, 그로 인해 많은 발전소들이 타산이 맞지 않아 일시적으로 문을 닫았다. 우리 합작사도 상황은 마찬가지여서, 비록 문을 닫을 정도까지 이르지는 않았지만 경영에 여간 차질을 빚었던 것이 아니다. 만약 최초 사업승인시에 중앙정부의 승인을 받았더라면 이러한 고통을 받을 이유가 없었을 것이다. 왜냐하면 중국에서는 중앙정부 비준을 받은 발전소에 한하여 정부가 '전매(電煤)'라 불리는 고품질의 석탄을 시장가격의 절반밖에 안 되는 가격으로 안정적으로 공급해 주고 있기 때문이다. 이처럼 연료가격이 폭등하여 생산이 어려운 시기에 그런 중앙정부 공급의 석탄을 받는다면 사업을 매우 수월하게 풀어갈 수 있었을 텐데 애당초 사업허가를 지방정부에서 받아 이런 혜택을 못 보게 되니 꼭 지방정부의 승인을 얻어 사업을 빨리 진행하는 것만이 능사는 아닌 셈이다.

또한 사업승인을 지방정부에서 할 것인가 아니면 중앙정부에서 할 것인가에 따라서 조사해야 할 자료나 수집해야 할 정보도 달라질 수 있다. 그럼 어디서 사업승인을 받아야 하는지, 또 기타 사업승인에 대한 절차는 어디에 알아보는 것이 좋을까? 가장 확실한 방법은 서울 명동에 있는 주한 중국대사관 상무처에 연락해 보는 것이다. 이곳은 중국 정부기관 중 해외투자유치를 담당하는 상무부나 국가발전개혁위원회와 직접 연계되기 때문에 중국사업을 고려한다면 한번쯤 연락하여 조언을 구하고 필요한 자료를 습득해 두는 것이 좋다.

우선적으로
관련 법률을
파악하라

내가 중국사업을 처음 시작했던 1994년 당시에는 중국사업과 중국 문화를 소개하는 서적이 극히 적었다. 당시에는 대부분의 자료를 코트라(KOTRA) 중국팀을 통하여 얻곤 하였는데 요즘은 인터넷에 적지 않은 정보가 돌아다닌다. 하지만 아직까지도 한국어로 된 중국 관련정보가 충분하지 않다는 것도 사실이다. 일본에서 매년 발간하는 중국에 관한 서적은 우리나라의 10배에 달한다. 중국에 투자한 기업들과 앞으로 투자하려고 준비하는 회사들이 중국에서 성공을 거두려면 이미 중국사업을 경험한 사업가들이나 회사들이 자신만의 노하우를 보다 많은 사람들에게 공개하여 공유하도록 해야 한다. 더 많은 중국 관련 서적과 더 많은 중국사업 관련 인터넷 사이트들이 등장하여 한국에 앉아 있어도 중국에 관한 최신정보를 정확히 얻을 수 있는 환경이 되어야만 중국사업 성공이 좀 용이해질 것이다.

나는 중국사업을 시작할 당시 코트라에서 발간하는 몇 안 되는 서적들은 달달 외울 정도로 읽어 보았다. 하지만 그것만으로는 정보를 수집하는 데 한계를 느껴 이미 중국에 진출한 회사를 방문하여 경험담을 직접 듣는 방식을 택하였다. 나중에 생각해보니 이러한 방법이 중국사업 준비에 매우 큰 자산이 되었던 것 같다. 어쨌든 그 과정에서 모 섬유회사를 방문하여 중국에서 3년 넘게 파견생활을 하고 돌아온 담당자로부터 이야기를 듣고 매우 큰 감명을 받았다. 나는 그분의 다음과 같은 말을 중국 파견생활의 좌우명이자 중국 업무지식 축적의 시금석으로 삼았다. "여러 권의 책보다 여러 사람의 조언보다 먼저 중국 법에 통달하세요. 그러면 중국인들과의 협상에서 좋은 결과를 얻을 겁니다."

그 뒤로 나는 중국 업무를 처리할 때 무엇보다도 먼저 관련 법률에 대하여 숙지하는 습관을 들였고 중국인과의 협상에서 놀라운 효과를 거두었다. 첫 번째 중국 파견근무를 마치고 한국으로 복귀하였을 때, 한번은 이런 일이 있었다. 본사에서 근무한 나는 중국 합작사의 고정자산을 담보로 현지 중국은행으로부터 자금 대출을 받을 방법이 있는지 여부를 확인하라는 지시를 중국 현지 파견근무자에게 내렸다. 그 중국 현지 파견자는 자신이 직접 확인하는 대신 합작사에 근무하는 중국측 간부에게 물어 보았고, 중국측은 한국측 투자자가 한국에서 현금을 가지고 들어와 합작사에 재투자하는 것을 유도하려는 의도에서 "중국에서는 발전소 고정자산을 담보로 대출 받기는 어렵다"고 거짓으로 알려주었다. 그 파견자가 그 말 그대로를 한국에 통보한 것은 불문가지의 일이다. 하지만 관련 담보법을 확인해 본 결과, 충분히 고정자산 담보대출이 가능한 것으로 보였다. 나는 즉시 관련 자료를 정리하어 중국으로 날아갔다. 담보대출건에 대하여 중국 관련 법을 조목조목 설명하고 사전에 연락을 취해 놓았던 중국은행 관계자까지 동석시켜 확인해 주니 중국측에서도 군말 없이 따를 수밖에 없었다. 결국 우리 합작사는 설비 고정자산을 담보로 중국계 은행으로부터 필요한 자금을 대출 받을 수 있었다. 중국이란 나라가 유구한 꾸안시의 역사를 자랑하는 나라이기도 하지만 사안에 대하여 관련 법률을 알고 대응하는 것과 모르고 덤벼드는 것은 분명 아주 큰 차이가 있다. 중국 법률을 제대로 숙지하고 있으면 협상테이블에서 중국인들을 설득하는 데 큰 효과를 볼 수 있다는 것을 명심하자.

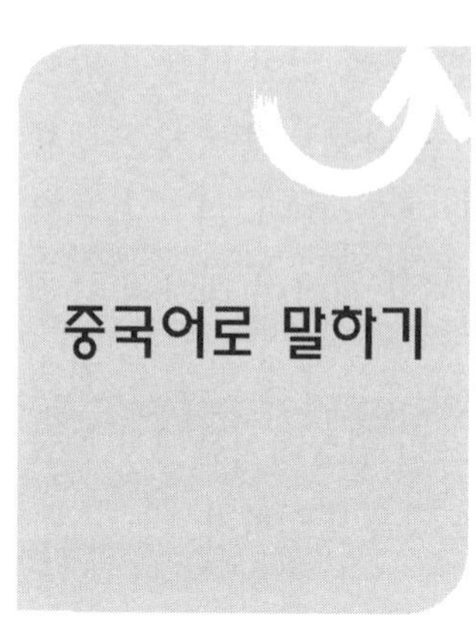

중국어로 말하기

우리나라 직장인들은 영어를 잘한다. 웬만한 영어 문장은 다들 술술 읽어나갈 정도니, 영어독해는 정말 어느 나라 사람들보다도 잘한다고 하겠다. 그런데 이처럼 능력 있는 우리나라 직장인들을 미국인 앞에 데려다 놓으면 시종일관 얼굴에 미소만 짓고 'yes' 'really?' 'oh! yeah'만 연발하다가 대화가 끝난다. 우리나라 사람들은 머리는 잘 돌아가지만 입은 그만큼 잘 돌아가지 않는 것 같다.

중국어도 마찬가지이다. 아무리 몇 년을 열심히 공부했더라도 중국어로 듣지도 말하지도 못한다면 실용성이 없는 외국어를 배운 셈이나 다름없다. 물론 중국 인터넷 사이트에 들어가 자료를 조사하는 것만 한다면 중문 독해만 되면 그뿐이겠지만, 정말 중요한 정보나 자료는 중국인들과 협의·협상하는 가운데 얻어지는 것이다. 그러자면 말하기와 듣기 능력이 필수적이다. 중국 현지에 근무하고 있는 사람이야 환경이 뒷받침해 주기 때문에 자신이 조금만 노력하면 이 어려운 딜레마에서 간단히 빠져나올 수 있겠지만 국내에 있으면서 듣기,

말하기 문제에 대한 해결책을 찾는 일이 그리 쉽지가 않은 것도 사실이다.

　독자들을 위하여 내가 첫 번째 중국파견근무를 마치고 한국으로 복귀한 후 중국어 말하기, 듣기 실력을 유지하려고 사용한 방법을 간단히 소개해 본다. 나는 우선 듣기 문제를 해결하기 위해 집에 별도의 위성방송을 설치하였다. 이것은 설비, 설치비 합하여 약 50만 원 정도 드는데 중국본토에서 방영하는 방송이 다 나온다. 아파트 베란다에 지름 140센티미터의 거대한 접시안테나를 설치한 것을 목격한 적이 있다면 그것은 필시 중국방송을 시청하려고 설치한 것이라고 보면 된다. 나는 이 위성수신 설비를 집에 설치하고 하루에 1시간 정도씩 중국 뉴스나 드라마를 보았다. 이를 통해 나는 아직 중국현지에 있다는 착각이 들 정도로 중국어 듣기 문제는 간단하게 해결하였다.

　문제는 말하기다. 말하기를 잘 하려면 중국인과 대화를 가질 수 있어야 하는데 사실 한국에서 중국인 찾기도 쉽지 않고 설령 그런 중국 친구가 있다고 하더라도 자신의 업무적인 이야기를 매일같이 30분 이상 들어줄 정도로 참을성 있는 중국인은 하나도 없다. 그래서 나는 아침 6시에서 6시 30분까지 하루 30분 동안 중국어로 큰 소리를 내어 기도를 한다. 내가 그렇게 기도를 하다보니 재미있는 점을 하나 발견하게 되었는데 그것은 나를 위한 기도를 하면 중국어 말하기 실력이 조금도 향상되지 않는다는 것이다. 왜냐하면 그도 그럴 것이 허구한 날 '내가 돈 좀 많이 벌게 해주세요', '올해는 제발 진급 좀 하게 해주세요', '이번에 산 로또가 당첨되면 10분의 1은 뚝 잘라서 꼭 하느님께 드리겠습니다' 등 나를 위한 기도를 드리면 매일 똑같은 말만 반복하기 때문에 대부분의 중국단어를 까먹게 되는 것이다. 이것을 깨닫고 난 후부터 다른 사람을 위한 기도를 하기 시작했다. 아주 다양한 종류의 삶을 살아가는 다른 사람들을 위하여 중국어로 기도하다보니 사용하는 어휘 자체가 다양해질 수밖에 없었다. 심지어 나중에는 종이와 연필을 옆에 두고 기도 중 모르는 단어가 튀어 나오면 적어두었다가 기도가 끝나면 찾아보는 경우까지 있었으니, 내 중국어 말하기 실력의 8할은 기도 덕분이라고 하겠다.

위의 방법은 내가 한국에 돌아가 3년 6개월 동안 중국어를 안 잊어버리고 계속 잘 써먹기 위하여 사용한 방법이었지만 나름대로 효과가 있었던 것만은 틀림없다. 말하기, 듣기는 중국사업정보를 수집하는 데 있어 쓰기, 읽기보다 더 중요하므로 중국 관련 업무를 담당하는 사람이라면 어떤 방법을 동원해서라도 반드시 익히고 향상시키려는 노력을 게을리 해서는 안 된다.

계약의 마무리, 합의결정, 이사회, 청산위원회 등 중요한 의사결정을 내릴 때는 양측 투자자 대표가 서명을 하게 되는데, 이럴 경우 어느 한쪽에서 추천하는 통역에게 전체 의사진행을 맡겨서는 안 된다. 반드시 양측에서 모국어 사용자를 통역으로 따로따로 기용하여 의사전달이 명확하게 되는지를 확인해야 한다.

한번은 이런 일이 있었다. 중국에 설립한 합작사에서 중요회의가 개최되어 한국 본사의 사장과 함께 현지를 방문했다. 나는 합작사 업무에 대한 한국측 관리 책임자이면서 동시에 출장중의 모든 통역을 맡고 있었다. 물론 회의시에도 마찬가지였다. 중국측은 비공식적인 자리에서는 나의 통역을 허락하다가, 정작 회의를 개최하니 '중국의 관습에 따라 중국 현지에서는 중국인 통역을 기용해야 한다'면서 한국어를 구사할 줄 아는 중국인 통역을 통하여 회의를 진행시키는 것이었다. 이렇게 되면 중국측에 유리하게 통역하는 경우가 발생한다. 그렇지만 중국 현지에서 개최되는 회의이다 보니 정중한 중국측의 제의를 받아들이지 않을 수 없었다. 우리 회사 사장은 하는 수 없이 나에게 "상대 통역이 하는 말에 틀린 곳이 없는지 잘 듣고 확인하시오"라고 신신당부를 하고는 회의를 시작하였다. 그런데 가만히 듣고 있자니 그 중국인 여자 통역은 중국측의 의견은 매우 상세히 설명하면서 우리측의 요구사항은 대충 통역하는 것이 아닌가. 나는 점점 심기가 불편해지기 시작했다. 그리고 결국 합작사 '부총경리(부사장) 교체문제'에 대한 논의가 오가는 시점에서 중국인 통역에 대한 교체를 요구할 수밖에 없었다. 당시 합작사의 중국인 부총경리는 과격한 민족주의자로 한·중 양측의 관계를 매우 껄끄럽게 만들고 있었다. 때문에 한국측 사장은 회의중에 정식 안건으로 부총경리의 교체를 요구했는데 그 중국인 여자 통역이 통째로 통역을 안 해 버렸던 것이다. 나는 즉시 중국 통역의 문제점을 제기한 후, 그 의제를 새로운 안건으로 상정하고 협의를 거쳐 부총경리 교체를 통과시켰다. 나중에 알고 보니 중국측에서도 부총경리가 합작사 내에서 한·중 관계를 불편하게 만들고 있다는 이야기를 듣고서, 회의 때 한국측에서 부총경리 교체를 요구하면 협의할 생각을 가지고 있었다고 한다. 그런데 부총경리가 중국측의 그러한 의도를 미리 알고는 중국인 여자 통역을 사전에 조용히 만나 "만약 한국측에서 부총경리 교체 문제를 거론하면 알아서 통역을 하지 마라"는 지시를 내렸던 것이다.

이처럼 중국에서 회의를 한다고 중국측에서 제공하는 통역만 믿고 덜렁 회의에 참가하면 큰 낭패를 볼 수가 있다. 그렇기 때문에 중요 결정사항이 있는 회의, 또는 이사회에서는 양측에서 공식 통역을 참석시켜 회의의 공정성을 유지하여야 한다.

Chapter 04

진출 전략을
꼼꼼히 세울수록 성공한다

- 한·중 투자자 양측의 장점을 살려라
- 본격적인 사업개시는 현지 사정을 완전히 파악하고 난 후부터
- 무리하지 않은 진출 전략을 착실하게 준비하라
- 제조 없이 판매만 할 경우의 주의사항
- 매뉴얼화된 자료를 준비하라
- 외화조달 루트를 개발하라
- 현지 법인의 완전한 독립
- 초기 투자비를 줄이는 비결

한·중 투자자
양측의 장점을
살려라

중국투자에 성공한 기업들을 살펴보면 대체로 한 가지 공통점을 찾을 수 있다. 한국과 중국 투자자 양측의 강점을 합하여 시너지효과를 얻어 성공을 이루었다는 것이다.

내가 아는 중국투자 기업 중에 유리제품 생산으로 큰 돈을 번 업체가 있다. 이 회사는 1995년 초창기 15만 달러라는 크지 않은 자본금으로 시작하여 현재는 연간매출 500만 달러, 종업원 350여 명의 대규모 업체로 성장하였다. 이 회사가 크게 성장할 수 있었던 원동력은 바로 한국과 중국 투자자들이 각자의 장점을 잘 살려 합작회사의 발전에 크게 이바지했기 때문이다.

외자 도입 당시, 한국측 투자자는 기존에 국내에서 유리제품을 꾸준하게 생산해온 업체로, 높아만 가는 인건비 때문에 채산성을 맞추기가 어려워져서 중국으로 진출을 결심한 상황이었다. 그는 한국에서 그리 크지 않은 중소 유리제조업체였지만 중국진출을 제2의 창업 기회로 간주하고 중국측 파트너만큼은 중국 최고의 유리생산업체인 〈요화유리공사〉를 선정하여 그들과의 합작에 뛰어들었다. 물론 처음 요화유리공사에 합작을 의뢰하였을 때 그들은 한국측 회사규모를 보고 콧방귀도 뀌지 않았다. 한국측 투자자는 이에 굴하지 않고 요화유리공사를 계속 찾아가 캐나다와 미국 시장에 신규로 수출할 스테인드글라스 스탠드 물량에 대하여 설명하고 합작을 하게 되면 여기서 얻어지는 이익금을 투자비율대로 분배하겠다는 승부수를 띄웠다. 결국 요화유리공사는 그 한국 유리업체와 합작회사를 설립하였고 중국에서 구할 수 있는 유리제조용 원자재 중 최고 품질의 자재를 최저의 가격으로 공급하고 숙달된 기능공을 합작회사에 제공하였다. 이러한 양측의 제공 조건들이 맞물려 합작회사는 하루가 다르게 성장하였고 미주시장으로 수출한 스탠드 제품이 가격과 품질 면에서 그쪽 바이어들을 크게 만족시키면서 수출물량이 급신장했다.

이렇듯 투자자 양측이 제공할 수 있는 사업 여건들은 합작사업의 성패를 결정적으로 좌우한다. 따라서 중국투자에 뛰어들고 싶다면, 한국측에서 제공할 수 있는 가장 큰 장점은 무엇이고, 중국측에 요구해야 할 가장 필수적인 조건이 무엇인가를 파악하는 것이 선결과제인 셈이다. 물론 합작이나 합자투자를 하지 않고 독자투자를 하는 경우는 이러한 영향이 적겠지만 이 경우에도 투자하는 지역의 관할 지방정부로부터 얻어낼 수 있는 것이 무엇인지를 파악할 수 있도록 최선의 노력을 기울여야 한다는 사실만은 기억하기 바란다.

중국의 국가정보, 특정지역의 상세정보, 중국인의 풍습 및 습관, 중국측 투자자에 관한 정보 등은 중국사업을 시행하기 이전에 반드시 세밀히 조사해야 할 부분이다. 이러한 사전 조사가 없으면 중국사업은 성공하기가 어렵다. 중국사업은 투자 이전에 중국에 대한 기본적인 정보, 업계 동향조사, 정책조사, 후보지의 선정, 중국진출의 목적과 손익전망의 확인, 인력모집 전략, 진출방법, 자금조달 방법 등에 대하여 철저하게 조사한 후 진출 여부에 대하여 냉철한 판단을 내려야 한다. 또한 중국사업에 대한 지식과 경험이 풍부한 중국근무 경험자나 전문가의 조언을 수시로 들어야 하며, 실제로 준비에서 운영까지 이러한 전문가들을 통한 상담과 협의는 계속적으로 이루어져야 한다.

투자할 도시를 선정하고 투자를 할 때까지 나름대로 최선을 다해 현지에 관한 모든 정보를 조사했다고 하더라도 막상 사업을 시작하면 전혀 생각하지 못했던 문제가 튀어나와 사업진척에 발목을 잡는 경우가 많다.

　내가 중국에서 근무하는 중국 하북성 진황도는 만리장성이 시작하는 곳으로 중국에서도 이름난 관광지이며 공기가 맑고 주변 환경이 무척 깨끗한 도시이다. 한번은 서울의 모 회사에서 진황도의 그러한 관광지적인 환경에 매력을 느끼고 나름대로 현지를 조사한 후, 진황도 동쪽 해안녹지에 골프장을 건립하려고 협상에 나선 적이 있었다. 회사 관계자들은 현장 답사를 위하여 골프장 예정지를 하루가 멀다 하고 방문하였다. 하지만 그곳이 그렇게 좋은 장소라면 왜 그때까지 중국인들이 그곳에 골프장을 안 짓고 있었겠는가! 나는 한국에서 그곳에 골프장 건립 투자에 손을 댔다는 소문을 듣고 한국인 담당자를 만나서 이런 질문을 던졌다. "혹시 겨울철에 그 골프장 예정부지에 가본 적이 있습니까?" 관계자가 가본 일이 없다고 하기에 나는 이번 겨울까지 투자를 미루고 겨울철에 골프장 부지를 잘 살펴본 다음 투자여부를 결정하라고 일러 주었다.

　그 골프장 옆에는 중국에서 두 번째로 큰 항구가 있는데 그 항구와 골프장 사이에는 외국으로 수출하는 석탄을 쌓아두는 초대형 야적장이 있다. 겨울철에는 석탄이 웬만한 산보다도 더 높이 쌓여 있을 뿐만 아니라 매서운 겨울 바람이 불면 그 주위가 완전히 탄광촌처럼 시커멓게 변해 버린다. 그 중에서도 피해를 가장 많이 보는 곳이 바로 그 골프장 부지였다. 겨울 강풍이 한번 불었다 하면 수많은 석탄 알갱이들이 그곳을 덮는데 가뜩이나 비가 오지 않는 진황도에서 그 석탄 알갱이들을 말끔히 청소해 낸다는 것은 한 마디로 불가능에 가까웠다. 만약 그 회사관계자들이 나의 조언을 무시하고 서둘러 골프장 건립을 추진하였더라면 아주 큰 낭패를 보았겠지만 다행히 진황도에서 오래 살았던 나의 충고를 존중하여 최종 결정을 겨울까지 미루었고 사실을 눈으로 직접 목격하고는 골프장 건설을 포기했다.

이처럼 중국 현지사정이란 정확하게 판단하기가 쉽지 않다. 제대로 된 현지 정보를 얻기 위해서는 책을 통하기보다는 직접 발로 뛰어 현지에서 살고 있는 한국인이나 중국인들을 한 사람이라도 더 만나 더 많은 정보를 얻어 내야만 안심하고 투자할 수 있는 것이다. 물론 이렇게 하는 데 시간과 조사비가 많이 들어갈지도 모른다. 하지만 미비한 사전조사로 인해 사업에 실패하고 투자비 원금을 몽땅 날리는 것보다는 훨씬 적게 먹히지 않을까?

중국은 13억 인구의 대륙국가로 현재의 인구증가율대로 간다면 2045년경에는 인구가 20억 명에 육박할 것으로 예상된다. 특히 지난 2001년 중국이 WTO에 정식으로 가입한 후, 중국은 21세기 최대시장으로 부각되고 있다. 하지만 최근 중국의 중앙정부와 지방정부는 예전의 각종 우대정책과 경제특구, 기술개발구, 수출가공구, 보세구 등 해외투자자들이 투자하기 좋은 조건들을 많이 하향 조정하여 중국 국내기업들이 이들과 경쟁할 수 있는 터전을 점차 넓혀가고 있다. 따라서 중국시장으로 진출하려는 기업들은 기본적으로 중국 정부에서 내세우는 지역별 우대정책이 무엇인지를 상세히 파악해야 하며, 진출 전략을 선택함에 있어서 가장 안전하면서도 최단시간에 성공을 거둘 수 있는 경로를 채택해야 한다.

내가 사는 중국 진황도에는 우리나라 모 그룹 계열사 중 수중펌프를 생산하는 업체가 진출해 있다. 이들은 우선 독자기업으로 중국에 진출하여 생산물량 전부를 한국, 독일, 영국, 미국 등 타국에 수출했다. 그러는 한편 중국시장의 가능성을 보고 다소 전략을 수정하여 진황도에 있는 펌프 판매상들의 매장 간판을 최고급으로 바꿔 주면서 간판 한 모서리에 자사가 생산하는 수중펌프 광고를 내는 방식으로 조금씩 자신들의 브랜드에 대한 인지도를 높여갔다. 작전은 주효했고 진황도 내에서부터 수요가 발생하기 시작하였다. 그 회사는 중국 내수판매에서 당장 이윤을 볼 생각은 없었으므로 원가를 보전하는 수준에서, 중국 내 타사제품과 비슷한 가격으로 판매가를 정하였다. 그 결과 펌프관계자들로부터 많은 호평을 얻어, 현재 그 기업에서 생산하는 수중펌프가 중국 전역에 유통되고 있다.

　이처럼 진출 전략은 무리하지 않는 범위 내에서 세우는 것이 중요하다. 특히 중국 내수시장은 그 장벽이 높은 관계로 처음부터 너무 높은 계획을 잡았다가는 누적적자 때문에 자포자기하거나 경영을 정상화시키지 못하는 경우가 있으니 유의하기 바란다.

제조 없이
판매만 할 경우의
주의사항

이것 저것 신경 써가면서 공장을 설립하고 말도 안 통하는 중국인들을 부려가면서 제품을 생산하는 그 자체가 짜증나고 어려운 일이니 그저 중국이란 큰 시장에서 물건만 판매하겠다고 생각하는 사람도 있을 것이다. 예전에는 어림도 없는 소리였지만 최근에는 관련 규제가 완화되어 대규모만 아니라면 충분히 가능해졌다.

중국 내수시장을 겨냥하여 사업을 할 경우 아래와 같은 항목에 유의해야 한다.

① 중국과 한국의 물가수준은 상당한 차이가 있다. '고가의 상품을 과연 누구에게 판매할 것인가'라는 절체절명의 과제를 해결하기 위하여 사전에 철저한 시장조사를 해야 한다.

② 중국 현장에서 재고관리, 영업관리를 어떻게 할 것인가?

③ 누가 중국 현지의 자금관리 및 이익금 회수를 맡을 것인가?

④ 수입에서 판매에 이르기까지 모든 유통과정의 운전자금을 어떻

게 현지 조달할 것인가?

⑤ 위안화로 벌어들인 이익금을 달러(또는 한국 원화)로 교환하여 안전하고도 정기적인 경로를 통하여 한국으로 송금할 방법이 있는가?

⑥ 점포의 이미지, 디자인 등을 어떻게 끌고 나가겠는가?

⑦ 상품을 팔자마자 바로 나타나게 되는 상표도용, 모방상품 등에 대하여 어떻게 대처하겠는가?

⑧ 상품의 A/S는 어떻게 할 것인가?

중국 내수 판매를 위해서는 이상과 같은 사항을 사전에 철저히 준비하여야 할 것이다.

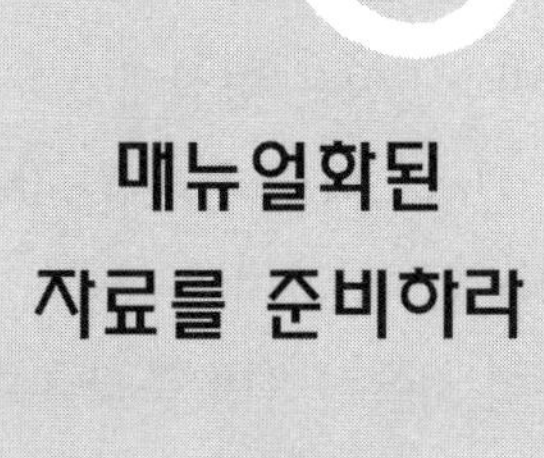

매뉴얼화된
자료를 준비하라

중국 합작사 설립 직후, 나는 회사 전체의 관리를 책임지는 총무부장과 건설관리를 책임지는 사업관리부장을 겸직하였다. 막상 회사가 설립됐지만 겨우 30여 명 남짓한 직원을 데리고 과연 무슨 업무부터 손을 대야 할지 막막하기만 했다. 한국인 총경리, 중국인 부총경리와 함께 머리를 맞대고 창업회사의 초창기 업무를 어떻게 이끌어가야 할지 협의한 끝에 가장 먼저 착수한 업무는 회사의 각종 규정을 작성하는 일이었다. 나라가 새로 개국되면 가장 먼저 필요한 것이 헌법인 것처럼 회사도 창설 이후 가장 먼저 준비해야 할 것은 바로 사규이기 때문이다. 물론 합작계약서와 회사정관은 계약 당시 이미 만들어져 있는 상태였지만 직제규정, 직원보수규정, 출장규정, 회계규정 등등 상세한 규정은 정관을 토대로 새로이 작성할 수밖에 없었다. 이럴 때 일을 편하게 할 수 있는 방법은 한국에서 사규집 등 매뉴얼화되어 있는 자료를 가지고 와서 그것을 합작사 현실에 맞게 일부 내용을 수정하는 것이다. 물론 중국어로 작성해야 하기 때문에 번역하는 어려움은 있지만 중국사업 성공이 달린 문제라면 그 정도 고통쯤은 감내해야 하는 것 아닐까.

단, 이 점은 명심해야 한다. 중국에서 설립하는 회사가 독자회사라면 한국스타일의 사규, 각종 규정을 중국어로 만들어 사용해도 큰 무리는 없다. 하지만 합작·합자회사일 경우, 한국 규정을 그대로 적용하여 사용한다면 중국측으로부터 필시 반발이 있을 것이다. 그들은 분명히 중국에서는 중국 규정을 사용해야 한다고 주장하면서 한국 규정을 일부 수정하여 사용하는 것을 용납하지 않을 수도 있다.

합작사 초창기, 나도 한국 본사의 두꺼운 사규집을 옆에 끼고 어렵게 각종 규정을 작성하였으나 중국인들은 그렇게 정한 규정을 인정하려 들지 않았다. 중국 현실에 맞지 않는다는 것이었다. 그래서 나는 중국측 투자자에게 "그러면 당신들이 우리와 유사한 중국 내 다른 발전소의 사규와 건설관련 규정을 구해 와서 새로 만듭시다"라고 제의하였고 결국 3년 만에 그러한 자료를 구해왔다. 그나마도 중국인들이 자료를 구해 온 것이 아니라 한국인인 내가 다른 발전소에 가서 구해 온 것이다. 그만큼 중국에서는 자료 구하기가 매우 어렵다. 보통 회사에 있는 사규집조차 외부로 유출하지 않는 나라가 바로 중국이다. 따라서 각종 규정과 매뉴얼을 만들기 전에는 반드시 중국 내 유사업종 규정을 습득하기 위해 최대한의 노력을 기울여야 한다. 물론 쉬운 일은 아니지만 어떤 방법을 동원해서라도 구해야만 제대로 된 회사 규정을 만들 수 있다. 매뉴얼화된 자료를 구하는 것이 중국 설립회사가 초창기에 할 일 중에 가장 큰 일이라는 것을 명심하기 바란다.

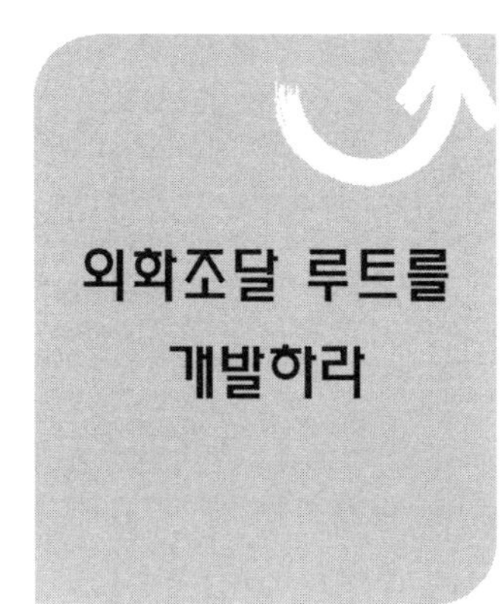

중국 유수의 기업도 내부외화사정은 그다지 좋지 않다. '필요한 외화는 스스로 찾아 써야 한다'는 것은 중국사업의 기본이다. 이것은 중국 정부가 외환 거래를 자유롭게 풀어주고 있지 않기 때문에 생기는 현상이다. 수출형 민간 기업의 경우라면 어느 정도의 외화를 급히 융통할 상황이 생겨도 크게 걱정할 바가 없겠지만 내수판매만 하는 민간기업은 외화 장벽과 부딪히게 되면 당장 문을 닫아야 할 상황에 이르게 되기도 한다. 결국 내수판매를 주로 하는 회사가 자재원료를 해외에서 수입하여야 하고, 외국에 로열티까지 지불해야 한다면 중국사업의 전형적인 실패 케이스로 가는 지름길을 걷는 셈이다. 과거 이러한 사정을 모르고 합작투자했다가 낭패 본 한국기업들도 부지기수였으니 몹시 안타까운 일이 아닐 수 없다.

하지만 이러한 부담을 피하는 방법이 전혀 없는 것은 아니다. 사업을 시작하기 전에 미리 다음과 같은 사항을 염두에 두기 바란다. 먼저 원부자재는 가급적 중국 내에서 구매 가능한 것을 사용하라. 비용의 가장 큰 부분을 차지하는 원부자재가 중국 내에서 조달된다면 위안화로 결제할 수 있으므로 물품대금의 지급이 훨씬 용이해진다. 둘째, 지역에 따라서 외화조달에 융통성이 있는 곳이 있고 전혀 안 되는 지역이 있으므로, 외화가 수시로 필요한 기업이라면 외화도입 가능여부를 사전에 철저히 조사해두라.

우리 합작회사의 경우, 발전소에서 생산한 난방용 온수를 각 가정으로 분배하는 데 필요한 보온용 열공급 파이프가 모자라 한국으로부터 수입한 적이 있었다. 문제는 그 다음에 터졌다. 막상 제품을 도입하였는데 외화를 구할 방법이 없어 매우 곤란한 처지에 놓였다. 우리 합작회사는 중국 주민들에게 전기와 난방을 판매하는 100퍼센트 내수산업이라 비축해 둔 달러화가 하나도 없었다. 이런저런 방도를 찾다가 결국 시중보다 환율을 후하게 쳐주기로 하고 근처에 있는 모 한국계 식품회사를 통해 위안화를 미국 달러로 바꾸었다. 식품회사 입장에서 보자면 귀중한 외화를 방출하는 셈이었다. 아무튼 잘 마무리 지어져 물품의 수급에는 아무런 문제가 없었지만 지금도 그때의 일을 생각하면 참 어렵게 일을 처리했다는 생각이 든다. 물론 이런 방법은 편법이라 별로 추천하고 싶은 방법은 아니다. 그렇다고 해도 어쩔 수 없는 사정이라는 것은 항상 발생하게 마련이지 않는가. 평소에 수출을 위주로 하는 한국기업을 두루두루 잘 알아두면 이처럼 외화가 시급하게 필요할 때 큰 도움이 되니, 잘 사귀어 두었다가 비장의 무기로 활용하기 바란다.

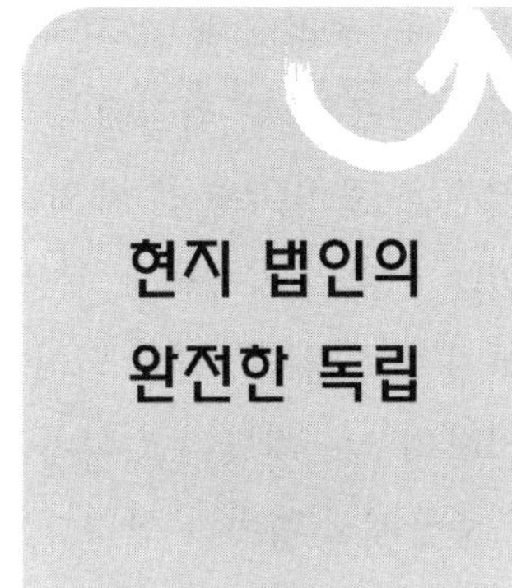

한국과 중국이 함께 출자하는 합작·합자투자의 경우에도 설립회사는 중국측 투자자로부터 완전히 독립한 별개의 회사가 되어야 한다. 중국측 파트너로부터 사업을 하기 위한 공간, 창고, 전력, 용수 등을 제공 또는 지원받는다든지 사원을 모집할 때마다 중국측 투자자에 의지하다보면 나중에는 합작회사가 무엇 하나 스스로 해결하지 못하는 반쪽짜리 회사가 되고 만다. 아쉬울 때마다 중국측 투자자를 찾아 도움을 요구하는 관행이 장기화 되다보면 어느새 '한국측 투자자 vs 중국측 투자자 + 합작회사'라는 관계가 수립되어 법적으로는 어떨지 모르겠지만 한국측 투자자가 회사에 대한 실질적인 지배력을 상실하게 된다.

우리 합작회사가 막 건설을 끝마치고 정상운영에 돌입할 시기가 되자, 채용해야 할 직원의 수가 근 300명에 달했다. 중국에서 합작회사를 운영해 본 사람들이라면 모두 느끼는 애로사항 중에 하나가 '중국 현지에서 필요한 인재를 구하는 일만큼 어렵고 힘든 일은 없다'라는 것이다. 우리도 울며 겨자먹기식으로 중국측 파트너에게 직원 채용의 권한을 전부 위임했다. 그런데 중국측 파트너는 300명에 가까운 직원들 중 일부분만 제외하고는 죄다 자신들의 친인척이나 안면이 있는 이들의 자제들로 채용하는 게 아닌가! 합작회사가 마치 중국측 투자자의 점조직처럼 되어 버렸던 것이다. 문제가 있음을 깨닫고 시정하려고도 해봤지만 이미 떠나버린 버스는 다시 돌아오지 않았다.

중국에서 합자나 합작으로 사업을 할 경우 항상 '합작회사는 독립국가다'라는 의식을 갖고 스스로 자립할 수 있도록 유도하는 것이 중요하다. 물론 중국측 투자자로부터 지원받을 수 있는 것은 충분히 지원받아야 하지만 너무 오랫동안 남으로부터 지원받는 습성을 들여놓으면 뒷일은 감당이 불가능해진다.

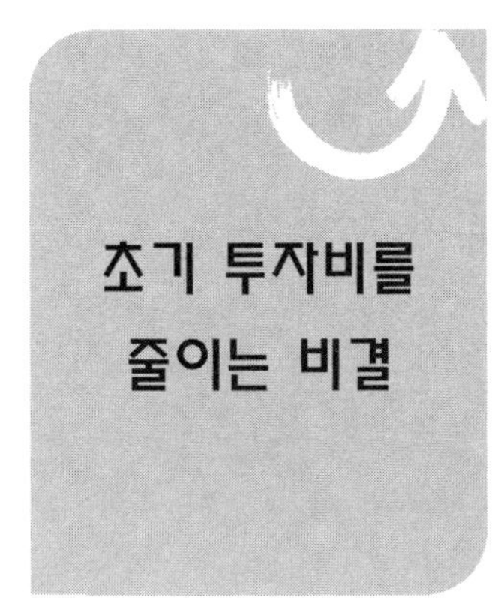

중국의 모든 부동산은 국가 소유이기 때문에 일반 인들이 그 소유권을 보유할 수 없다. 오직 토지의 사용권만을 가지게 되고 사용권은 매매가 가능하다. 하지만 2007년 물권법의 발효로 그 사용권 연장·매매 행위들이 예전보다는 훨씬 자유로워졌다. 중국의 사업용 부동산은 사용기간이 50년으로 되어 있다. 시험적으로 사업을 실시하는 경우나 중간에 철수하는 경우까지 고려한다면 단기임차 방식이 유리하고 사업기간이 3년 이상인 경우는 50년 토지사용권을 일괄 구매하는 것이 유리하다. 단기 임차의 경우 이전이 용이한 반면 설비투자가 어려우므로 전략적으로 한국의 본사가 중국현지의 토지 사용권을 취득하고, 다시 중국에 있는 자회사에게 임차하는 것도 괜찮은 방법이다.

다음으로 기계설비 등의 유형고정자산이나 공업소유권 등 무형고 정자산을 현물출자하는 데 있어서 투자자금 부담을 줄이는 방법에 대하여 살펴보면 중국에서는 전액 현물출자가 가능하다. 다만 특허

받지 않은 공업소유권 등 지적재산권 도입에 따른 현물출자는 20퍼센트 이하로 제한하고 있다는 점을 기억해두기 바란다. 그리고 한국본사가 소유하고 있는 중고설비를 현물출자하는 경우, 그 시가에 대한 평가 문제가 있는데 중국 세관의 조사가격이 현물출자액 미만인경우, 차액부분만큼은 현금으로 추가출자를 해야 한다. 그러나 본사가 중국현지회사에 출자액과 동일하게 매각·양도하는 방법을 택하면 큰 문제가 없다. 특히 중국의 '외상투자산업 지도목록'상 권장사업목록에 들어가는 경우, 수입관세와 증치세(부가가치세)를 면제받는이점도 있다.

또한 생산규모를 최소화하고 현지 중국기업이나 기존 동종 외자기업에 외주 위탁을 주어도 투자비를 줄일 수 있다. 중국현지에서 외주위탁생산을 하는 경우도 자사 제품으로 인정한다. 외주 위탁의 경우위탁회사에 원부자재를 공급하고 임가공비를 지불하면 된다.

또 다른 투자비를 줄이는 방법으로 국내에서 설비를 리스 조달하여그것으로 중국현지에 현물출자하는 방식도 고려해 볼 수 있다. 이 방법은 소유권상 문제가 없는 것은 아니지만 리스회사나 은행과 사전에 협의를 거쳐 동의를 얻는다면 투자비를 상당히 줄일 수 있는 방법이다.

사업상 조사와 계약 핵심체크

사업 중지에 대한 조건은 계약서나 정관상에 명확하고도 구체적으로 명기해 놓아야 한다. 물론 당사자 간에 성의를 다하여 사업을 운영해 나가는 것이 기본이지만 만약의 경우를 생각하여 계약서나 정관상으로 미리 사업 중지에 대한 객관적인 조건을 당사자 간에 약속해 놓아야 쓸데없는 분쟁의 소지를 줄일 수 있을 것이다. 「중외합자기업법 실시조례」를 보면 아래와 같은 조항이 정해져 있고 「독자기업법 실시세칙」에도 동일한 규정이 있다.

제 90조 합자(합작기업도 동일)기업은 아래의 경우 해산할 수 있다.

① 합자기한이 만료된 경우

② 회사에 중대한 손실이 발생하거나 경영을 계속하여 영위할 수 없는 경우

③ 합자의 한쪽이 합자기업의 협의서, 계약서, 정관의 규정에 나온 의무를 이행하지 않아 정상적인 경영을 할 수 없는 경우

④ 자연재해, 전쟁 등 불가항력으로 큰 손실을 입어 경영을 계속할
  수 없는 경우
⑤ 합자기업이 경영목적을 상실하거나 동시에 장래 발전성이 없는
  경우
⑥ 합자기업의 계약서, 정관에 규정되어 있는 기타 해산의 원인인
  경우

  상기 사항 중 ②, ④, ⑤, ⑥항의 상황이 발생하는 경우, 이사장이 해
산 신청서를 원 심사비준기관에 제출하고 비준을 신청한다.
  ③항의 사항이 발생하는 경우, 의무를 이행하지 아니한 투자자는
합자기업 또는 기타 각 측에게 손실을 배상해야 한다.

★ 중국 진출의 종류

구 분		종 류	비 고
무 역	가공무역	수입가공 (進料加工)	
		샘플가공 (來樣加工)	위탁가공
		위탁가공 (來料加工)	
		조립가공 (來件裝配)	
	교환무역	바터무역 (易貨貿易)	
		호구무역 (互購貿易)	
		보상무역 (補償貿易)	
		회구무역 (回購貿易)	
기술제휴		공업사용권의 양도 및 사용허가	
		기술 노하우 사용허가	
		기술서비스	

구 분		종 류	비 고
출 자 (법인설립)	유한회사	합작기업	현지법인
		합자기업	
		독자기업	
	주식회사	주식회사	
영 업		지점	지점
		판매대리점	대리점
		광고대리점	선진광고
정보수집		주재원사무소	사무소

* 상기분류 중 가장 많이 사용하는 방식은 가공무역과 유한회사의 설립이다.

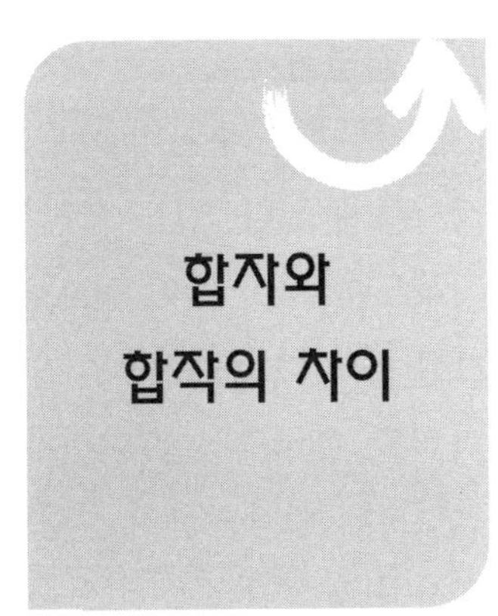

**합자와
합작의 차이**

이 장에서 주로 다루는 내용은 중국투자 종류 중 법인설립, 즉 출자에 관한 것이다. 출자의 방법에는 합작(合作), 합자(合資) 그리고 독자(獨自)투자가 있다. 출자 방법 중 독자투자는 말 그대로 중국인 파트너 없이 외국투자자가 독립적으로 투자한다는 것을 뜻하므로 부연설명이 필요 없지만 합작투자와 합자투자 사이에는 미묘한 차이점이 존재하므로 이에 대해 짚고 넘어가야 한다.

합작투자는 중외합작기업법 및 실시세칙에 의하여 설립할 수 있으며, 주로 규모가 큰 사업에 많이 사용되는 방법이다. 예컨대 발전소, 고속도로, 항만, 대형 플랜트 등 사회 인프라건설에 주로 이용된다. 반면 합자투자는 중외합자기업법 및 그 실시조례에 의거하여 설립할 수 있으며 가장 일반적인 투자형태라고 알아두면 크게 무리가 없다.

합작투자와 합자투자의 가장 큰 차이점은 다음과 같다.

① 경영권

합자투자는 투자비율에 의거, 투자비율이 높은 투자자가 경영권을 장악하게 된다. 반면 합작투자는 경영권을 투자자간 협의에 의하여 정하도록 되어 있어 필요에 따라 투자비율이 낮더라도 경영권을 확보할 수 있다. 예컨대 필자가 근무하는 합작회사의 경우도 중국측 50퍼센트, 한국측 A 47퍼센트, 한국측 B 3퍼센트의 지분구성으로 되어 있었으나 합작회사의 경영권은 한국 A회사에서 쥐고 있었다. 한국 A회사가 경영권을 확보한 이유는 사업내용의 경험이 풍부하다는 점을 감안했기 때문이다. 이처럼 합작투자는 투자자 상호 간의 협의에 의해 경영권을 결정할 수 있다.

② 이익금의 분배

합자투자는 투자자들의 투자비율에 따라 이익과 손실을 분담하지만 합작투자의 경우는 상호합의만 이루어진다면 이익분배에 대한 조항을 계약서상에 따로 명기할 수 있다. 합작투자의 매력은 바로 여기에 있다. 예컨대 우리 합작회사의 경우를 보면 한국측이 먼저 투자비 및 이익금을 회수하기로 약정하고 명기한 일정금액을 모두 회수한 다음에야 중국측이 회수를 시작할 수 있도록 규정하였다. 이는 중외합작기업법에 의거 합법적인 조치였으며 합작투자가 갖는 가장 큰 장점이었다.

③ 투자기간 이후의 고정자산의 처리

합자회사는 투자기간이 끝나면 상호협의를 통한 청산절차를 거쳐 자산을 매각하거나 투자기간을 연장한다. 반면 합작회사는 중외합작기업법에 의거, 합작기간이 끝남과 동시에 모든 고정자산을 중국측에 무상으로 양도해야 한다. 그도 그럴 것이 합작기간 동안에 고정자산에 대한 모든 감가상각이 끝나므로 고정자산의 잔존가치는 ‘0’이 되기 때문이다. 이렇게 따진다면 감가상각비는 외국인 투자자에게 있어서 정말 쓸데없는 비용이지만 중국 회계법은 외자기업도 반드시 감가상각을 하도록 규정하고 있으므로 어쩔 수 없는 노릇이다. 때문에 각종 비용 중에서 가장 큰 부담인 감가상각비를 이익금과 더불어 분배의 대상으로 정해놓는 합작회사들이 많다. 다시 말해 감가상각비 부분도 한국으로 회수해 올 수 있다는 이야기다. 이것은 현재 중외합작기업법상 전혀 문제가 되지 않는다.

　다만 주의할 점이 있다. 합작회사에 당기 적자가 발생했을 때, 한국측에서 감가상각비라도 회수해 올 요량으로 중국측에게 이를 투자회수금으로 달라고 요구할 수가 있다. 이런 경우 중국측은 “회사가 적자가 났는데 어떻게 감가상각비를 달라고 하느냐. 정말 한국인들은 자기밖에는 모른다”라고 개탄하면서 감가상각비 회수에 극렬히 반대할 것이다. 이익이 발생하지 않는 한, 합작회사의 감가상각비를 투자비회수 명목으로 돌려받는 것은 그저 빛 좋은 개살구에 불과하니 조심하기 바란다.

① 특허권, 저작권 등 엄격하게 기밀유지를 필요로 하는 사업
② 높은 품질유지 및 정밀도의 보증을 요구하는 사업
③ 생산품을 전량 외국으로 수출하거나 판로가 확실한 사업

특허 기술의 노하우가 누출되어 막대한 피해가 우려되는 사업은 절대로 중국측 투자자와 같이 합자(합작)투자를 해선 안 되며 반드시 독자기업으로 회사를 운영해야 한다. 또한 합자(합작)기업 중 기술유출, 상표침해, 자금부담, 리스크의 분담 등에 관련된 현안 처리를 이사회 이사 전원일치 의결사항으로 정관에 올려놓는 일은 피하는 편이 좋다. 왜냐하면 중국측 이사진들의 동의를 모두 얻어야 하므로 상당히 심각한 문제가 발생할 수 있기 때문이다. 예컨대 회사 내부적으로 기술 정보가 새어나가고 있는 것을 발견하고, 이사회에서 기술정보 관리에 대한 중대결정을 내리려 해도 중국인 이사

들의 반대에 부딪혀 이러지도 저러지도 못하는 경우가 흔하게 있다.

애당초 생산품의 판로가 확실하고 그저 한국에서의 인건비 부담 때문에 중국으로 들어온 사업이라면 구태여 중국측과 합자(합작)사업을 할 필요가 없다. 사업 여건상 가장 좋은 조건은 중국인들의 간섭을 받지 않는 것이고 그런 면에서 보자면 독자기업으로 유지하는 것이 낫다.

① 중국산 원료를 사용하는 경우, 중국 내수시장 판매를 목적으로
할 때, 허가증 취득을 목적으로 하는 경우
② 법률, 규정상 반드시 합자투자 방식으로 결정되어 있는 업종 등

생산품을 전량 또는 대부분을 중국 내수시장에
내다파는 사업이라면 합자(합작)사업을 고려해야 마땅하다. 중국측
파트너를 통하여 판매시장을 개척하고 매출을 신장시켜야 하기 때문
이다. 다만 판매처와 판로를 중국측이 완전히 장악하고 있을 경우,
경영 측면에서 중국측에 끌려 다닐 염려가 있으므로 최소한의 대비
책은 미리 준비해 두어야 한다. 내가 근무하던 합작회사의 경우, 업
무분야가 발전소 건설 및 운영사업이다 보니 생산되는 전기와 난방
열을 전량 중국 시장에서 판매해야 했다. 건설기간이나 생산 초기에
는 그다지 느끼지 못하였으나 생산이 본궤도에 들어섬에 따라 중국

측이 판로를 장악하고 있다는 것을 내세워 합작회사를 좌지우지하려 들었다. 물론 합작회사의 총경리가 한국인인데다가 경영권이 한국측에 있었음에도 불구하고, 중국측은 자기네들이 아니면 합작회사는 꼼짝할 수 없다는 것을 알았기 때문에 이를 이용하여 합작회사를 점점 중국화하려고 노력하였다. 이러한 형세는 마치 중국측이 칼자루를 잡고 한국측은 칼끝을 잡은 꼴이었다.

한국측은 이러다가는 중국측이 합작회사를 자기네 회사인 양 뒤흔들 것 같아 상대를 누를 수 있는 새로운 협상카드 모색에 나섰다. 그 과정에서 발전소의 연료인 석탄을 구매할 때 한국정부의 힘을 이용하면 시장가의 60퍼센트 선에서 구입할 수 있다는 사실을 발견했다. 한국 본사는 공기업이라는 특성을 살려 즉시 한국정부에 도움을 요청했다. 덕분에 합작회사는 석탄구입 단가를 대폭 낮출 수 있었다. 이때부터 중국측의 태도가 완전히 달라졌다. 한국측에 잘못 보였다가는 하루아침에 40퍼센트나 더 비싼 시장가격의 석탄을 구매해야 하니 저렴한 원료를 구매하는 데 결정적인 열쇠를 쥐고 있는 한국측에게 꼼짝 못하게 되었던 것이다. 하지만 합작사(특히 사회간접시설관련 사업)를 중국화하려는 중국 정부의 부단한 노력으로 결국 그것이 일정 선까지 성공하여 내가 두 번째로 파견 나오기 직전에 총경리가 중국인으로 바뀌었다.

중국 내수시장 판매를 노리고 들어가는 기업들은 시장개척을 위하여 중국인 투자자와의 합자(합작)는 필수적이다. 그러한 합자(합작)사업을 하기 전에 적정한 중국측 파트너 물색작업이 매우 중요하며, 이들이 중국 내수 판매의 전권을 쥐고 있는 것은 바람직하지 않다. 어쩔 수 없이 중국측 파트너에게 판매에 대한 전권을 줄 경우, 앞서 말한 것처럼 이들의 횡포를 방지할 만한 대비책을 반드시 준비해야 한다.

앞서 합자와 합작투자에 대하여 설명하였는데 독자투자에 관심을 갖는 독자들을 위하여 간단하게나마 독자투자에 대해 설명해 보겠다.

독자투자는 1986년 4월 12일 공포된 「중화인민공화국 외자기업법(中華人民共和國 外資企業法)」과 1990년 12월 공포된 「중화인민공화국 외자기업법 실시세칙(中華人民共和國 外資企業法 實施細則)」에 근거하여 외국인 투자자가 자본금 전액을 단독으로 출자해 중국 내에 외자기업을 설립하고 경영하는 것을 말한다.

독자투자에 의한 외자기업은 투자자가 독자적인 경영권을 행사하는 것으로 기업경영방식은 국제적으로 통용되는 단독투자기업과 큰 차이가 없다. 그러나 외자기업의 투자사업 업종에 있어서는 중국 정부가 합자나 합작 기업과는 달리 별도로 제한을 가하고 있다는 점이 투자자들의 각별한 주의가 요구되는 대목이다. 독자투자방식에 의해 설립되는 외자기업의 주요한 특징은 다음과 같다.

① 자본 소유권

외자기업의 자본은 반드시 외국인에 의한 외자(일반적으로 미국 달러)로 충당되어야 한다. 만약 투자자가 중국에서 은행대출을 받아 외자기업을 설립하는 경우 동 은행대출은 전적으로 외국인 투자자가 본인 신용으로 획득한 대출금이어야 한다. 중국에 진출한 한국계 은행에서도 대출을 해주지만 아직까지 국내 부동산 담보나 지급보증(Standby L/C)만 정식 담보로 인정하고 중국에 투자한 공장 또는 부지 등의 고정자산 담보는 인정하지 않는다. 이에 비해 중국계 은행에서는 자본금, 토지, 설비 담보대출이 모두 가능하므로 대출을 원한다면 중국계 은행과 협의하는 편이 좋다. 다만 담보물의 성격이나 은행과의 유대관계에 따라 대출 비율이 달라지므로 담보 신청에 앞서 이 점을 미리 고려해야 한다.

② 독자적 경영관리

외자기업은 외국인 단독투자이기 때문에 독자적 경영관리 조직을 갖추며 손익과 투자리스크를 투자자가 단독으로 부담한다.

③ 투자이윤의 회수

「외자기업법(外資企業法)」은 "외국 투자자가 외자기업에서 취득한 적법한 이윤 및 기타 정당한 소득과 청산 후의 자금은 국외로 송금할 수 있다"라고 규정하고 있다. 다시 말해, 외국 투자자의 이윤 획득 등 합법적인 권익은 중국의 법률에 의해 보호받는다.

④ 외환의 수지균형은 자체적으로 해결

중국에 투자한 외자기업의 외환 사항은 중국외환관리규정에 따라 외자기업 스스로 자신의 외환수지 균형을 유지하여야 한다.

그러나 외자기업이 관련 정부기관의 승인을 받아 생산된 제품을 중국시장에 판매함으로써 발생하는 기업의 외환수지 불균형에 대해서는 내수판매를 비준한 해당 정부기관이 책임지고 해결해 주도록 규정되어 있다. 2000년 10월 31일 새로 수정 발표된 「중화인민공화국 외자기업법」에 의하면 상기내용이 삭제되어 있으나, 북경·상해 등 대도시 지역을 제외하고는 아직까지 수정법률을 실행하고 있지 못한 실정이다. 또한 「외자기업법」 제3조에 규정되었던 수출의무조항을 장려조항으로 수정하였다.

독자기업은 다음과 같은 조건이 부합되어야만 설립할 수 있다는 점도 기억해두기 바란다.

① 선진 기술이나 설비로 신상품 개발, 에너지 절약 또는 수입을 대체할 수 있는 업종이어야 한다.
② 생산된 제품의 전부 혹은 50퍼센트 이상을 수출하여 스스로 외환수지의 균형을 이룰 수 있어야 한다. 이 조항은 법규에서는 완전히 삭제되었으나 일부 지역에서는 아직까지 지켜지고 있어 주의가 필요하다. 중국 경제의 국제화를 위해서 조만간 완전히 철폐될 조항으로 보인다.

외국 투자자가 외자기업을 설립하려면 반드시 설립하려는 소재지의 지방 인민정부의 감사비준기관에 신청서와 함께 다음과 같은 서류를 제출해야 한다.

① 외자기업 설립 신청서
② 타당성 연구 보고서
③ 외자 기업 정관(定款)
④ 외자기업 법정 대표자(또는 이사회) 명부
⑤ 본국 기업의 법인 등기부 등본 및 자산 신용 증명서
⑥ 외자기업을 설립하려는 소재지 지방 인민정부의 의견서
⑦ 수입하여야 할 물자 명세서
⑧ 기타 보고하여야 할 서류
①, ③항은 반드시 중국어로 작성하여야 하고 ②, ④, ⑤항 서류는 외국어로 작성할 수 있으나 중국어 번역문도 함께 제출하여야 한다.

 **독자기업 설립신청서 기재내용**

외자기업 설립신청서에는 반드시 다음과 같은 내용이 명시되어야
한다.
① 외국 투자자의 성명 혹은 명칭, 주소, 등록지 및 법정대표자의
성명, 국적, 직책
② 설립하려는 외자기업의 명칭, 소재지
③ 경영 범위, 제품 종류, 생산 규모
④ 설립하려는 외자기업의 투자총액, 자본금, 자금의 조달선, 출자
방식 및 기간
⑤ 설립하려는 외자기업의 조직형태 및 기구, 법정대표자
⑥ 사용하는 주요설비 및 기술의 수준, 생산기술, 공예수준 및 조
달선
⑦ 제품의 판매지역 및 판매방법, 내 · 외수 판매비율
⑧ 외환자금의 수지배분
⑨ 관련기구의 설치 및 인원의 구성, 종업원의 채용, 훈련, 임금, 복
지, 보험, 노동보호 등의 노무대책
⑩ 환경오염을 발생시킬 가능성 정도 및 해결 조치
⑪ 공장 부지 선택 및 용지 면적
⑫ 기본 건설 및 생산 경영에 필요한 자금, 에너지, 원자재 및 그 해
결방법
⑬ 항목별 실시 진행계획표
⑭ 설립하려는 외자기업의 경영기한

 **참고 2 독자기업 회사정관 주요 기재내용**

외자기업 정관에는 반드시 다음의 내용이 포함되어야 한다.

① 명칭 및 소재지

② 목적, 경영 범위

③ 투자 총액, 자본금, 출자기한

④ 조직 형태

⑤ 내부 조직기구 및 그 직권과 의사규칙, 법정대표, 사장, 기술대
　표, 회계사 등 인원의 직무 및 권한

⑥ 재무, 회계 및 감사의 원칙 및 제도

⑦ 노동관리

⑧ 경영기간, 해산 및 청산

⑨ 정관의 개정 절차

　단독투자는 합작 상대방과 손익분배 등에 대한 분쟁의 소지가 없고 신속한 의사 처리를 할 수 있다는 장점이 있지만, 중국에서의 투자허가과정 등을 독자적으로 해결해야 한다는 단점과 내수시장 진출에 불리할 수 있다는 어려움이 뒤따른다.

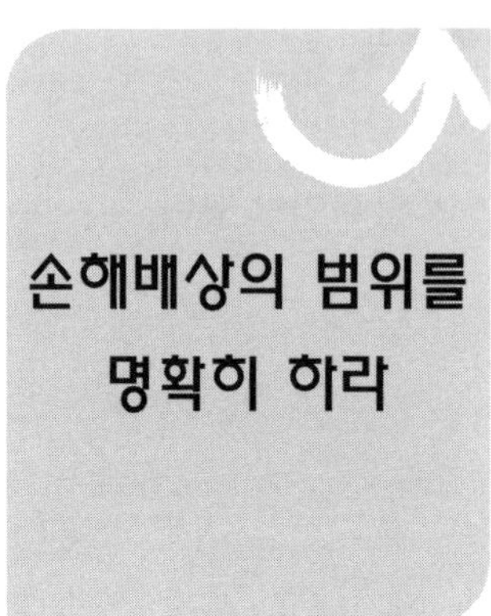

일반적으로 중국에서 유한책임회사를 설립하는 경우, 출자금액의 범위 내에서 유한책임이 한정되어 있다. 그러나 외국기업이 중국기업과 직접 체결하는 매매계약이나 기술제휴계약 등은 법률적으로 책임의 범위를 한정해 놓은 것이 없다. 계약을 체결할 때 예견되는 손실은 계약서에 정해 놓은 범위 내에서 배상을 받게 되니 계약서 작성 전에 배상한도를 면밀히 따져봐야 한다.

중국사업에 뛰어들기 이전에 반드시 중국계약법을 숙지하여 쓸데없는 손실을 줄이려는 노력이 필요하다. 중국계약법 113조~115조를 소개하니 사업에 참고가 되었으면 좋겠다.

[중국 계약법 제113조]

당사자 중 어느 한쪽이 계약 의무를 불이행하거나 혹은 약정한 내용을 위반함으로써 상대방에게 손실을 끼친 경우, 상대방에게 손실액을 지불한다. 그 손실액은 마땅히 위약에 의하여 조성된 손실부분과 계약을 성실히 이행하였을 경우 얻어지는 이익을 포함한다. 다만, 그 손실액은 계약의 위반으로 인해 손해를 입힌 쪽이 계약체결시에 예견하거나 예견할 수 있었던 손실범위를 초과할 수 없다. 또한 「중화인민공화국 소비자권익보호법」에 의거, 경영자는 소비자에게 제공하는 상품이나 서비스의 사기행위에 대하여 손해배상책임을 진다.

[중국 계약법 제114조]

계약 당사자들은 협의를 통해 계약을 위반하는 쪽에서 일정금액의 위약금을 지불하도록 계약서상에 약정할 수 있으며 위약발생에 따른 손실배상액의 계산방식 또한 약정 가능하다. 약정한 위약금이 조성된 손실보다 낮은 경우, 당사자는 인민법원 또는 중재기구에 증액을 청구할 수 있으며, 위약금이 조성된 손실보다 높게 약정된 경우, 당사자는 인민법원 또는 중재기구에 적정한 감액을 청구할 수 있다. 당사자가 이행 지체에 관하여 위약금을 약정한 경우, 계약을 위반한 자는 위약금을 지급하고 채무 또한 이행해야 한다.

[중국 계약법 제115조]

당사자는 「중화인민공화국 담보법」에 의거, 어느 한쪽이 상대방에게 지불한 계약금을 채권의 담보로 하는 약정을 맺을 수 있다. 채무자가 채무를 이행한 후 계약금은 반드시 대금으로 저당하거나 회수하여야 한다. 계약금을 지급한 쪽에서 채무약정을 이행하지 않았을 경우에는 계약금 반환을 요구할 권리가 없으며, 계약금을 받은 쪽이 채무의 약정을 불이행할 경우에는 계약금의 배액을 상환하여야 한다.

사업타당성
보고서를
확인하라

신규 사업을 실시할 예정인 회사는 사업전망을 미리 판단하기 위하여 사업개요, 시장예측, 생산계획, 손익, 투자액을 작성하여 분석을 하는데 이것이 바로 사업타당성보고서(Feasibility Study, 이니셜만 따서 F/S라고도 함)이다. 중국어로 '가행성보고서(可行性報告書)'라고 부르는 사업타당성보고서는 과거에는 외국기업이 중국에 기업설립을 신청할 때 반드시 제출하여야 하는 서류 중의 하나였다. 예전에는 의향서와 더불어 간단한 사업타당성보고서(初步可行性報告書)를 제출하여 기본적인 범위 내에서 허가를 취득한 다음, 장소나 시간, 형태 등등 상세한 내용이 확정되면 정식으로 사업타당성보고서를 작성한 후 정부 대외경제무역부분에 제출하여 인허가를 받았다. 그리고 사업개시 이후에는 매년 실시하는 연도검사를 받고, 결산서류 등과 함께 당초 사업타당성보고서의 계획대로 사업을 진행하고 있는지 여부까지 확인받아야 했다. 그러나 초보 및 정식 사업타당성보고서를 이중으로 제출해야 하는 까다로운 절차는 현재 중앙정부에서 관리하는 초대형 프로젝트를 제외하고는 사라졌다.

2004년 7월 16일 발표된 「투자체제개혁에 관한 국무원결정[國發 (2004) 20호]」을 살펴보면 외상투자사업의 심사, 인허가 수속이 종래의 향서(項目建議書), 사업타당성보고서(初步可行性報告書), 개업보고라는 3종류의 심사허가[중국어로 '선피'(審批)]에서 「샹무(項目 : 사업) 신청 보고서」의 점검승인['가이준'(該准)]으로 인허가 절차가 대폭 간소화되었음을 확인할 수 있다.

『투자체제개혁에 관한 국무원결정』[(2004) 20호]

12. 외상투자

「외상투자산업 지도목록」에 있는 사업 중 투자총액(증자 포함)이 1억 달러를 초과하는 장려업종, 일반허가업종 사업은 '국가발전 및 개혁위원회'가 점검 · 승인한다. 「외상투자산업 지도목록」에 있는 사업 중 투자총액(증자포함)이 5,000만 달러를 초과하는 제한업종 사업은 '국가발전 및 개혁위원회'가 점검 · 승인한다. 이 밖에 국가가 규정하는 한도액을 초과하고 투자를 제한하는 사업의 외상투자기업의 설립 및 변경사항에 관하여는 상무부가 점검, 승인한다. 상기 이외의 외상투자사업은 지방정부가 관련법규에 근거하여 점검 · 승인한다.

중국 정부의 「항목신청 보고서」 주요 체크포인트는 다음과 같다.
① 경제적 건전성
② 자원의 합리적 개발이용
③ 환경영향
④ 중요자원의 최적배분

⑤ 공공이익의 보장
⑥ 독점의 방지
⑦ 공공성(公共性)의 관리

이상과 같은 측면에서 사업을 심사·승인한다. 중앙정부의 허가범위를 과거 3,000만 달러에서 1억 달러로 상향 조정했다는 것은 중국의 중앙정부가 지방정부에 권한을 이양했음을 의미하고, 동시에 사업의 실질적인 규제가 많이 완화되었다는 것을 뜻한다. 사업타당성을 조사하는 단계에서부터 상기와 같은 항목을 중점적으로 고려하여 준비하면 사업승인에는 큰 문제가 없다.

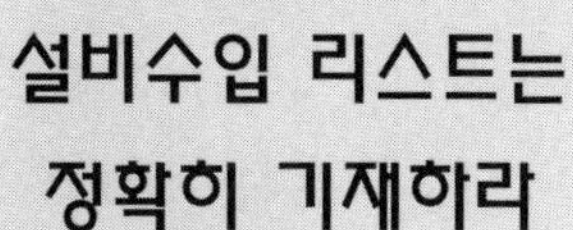

제출용 사업타당성보고서의 기재 내용 중 아주 정확하게 확인하여 기재해야 할 사항이 있는데 그것은 해외에서 가지고 들어오는 설비리스트이다. 「외상투자산업 지도목록」 중 권장하는 산업 등의 경우 자가설비는 면세대상이다. 이런 경우, 후일 사업타당성보고서에 기재된 내용을 해당 해관(세관)에 제출하여 면세증명 자료로 쓸 수 있다.

우리 합작회사의 경우, 주민난방공급용 이중보온관 파이프를 한국에서 현물출자하여 가지고 들어갔다. 당시 이중보온관의 수량과 가격(Invoice Value)은 사업타당성보고서에 등재하고 해관 등록시에도 정확하게 기재하여 '자가통관기업 등록증명서(自家通關企業 登記證明書)'까지 발급받아 명실상부한 면세품으로 중국사업에 투입하였다. 그런데 1년 후 관할 해관(세관)으로부터 수입 이중보온관에 대한 관세 및 증치세 납부를 요구하는 통지서가 날아왔다. 대체 무슨 일인가 싶어 자초지종을 알아보았더니 해관 직원이 개발구 보세창고에 보관하고 있던 보온관 및 기타 물품 수량을 파악하러 나왔다가 파이프를 장기 보관할 것에 대비해 여분으로 가지고 온 플라스틱 파이프 마개와 테이프가 미신고된 사실을 발견하고 공식적으로 과세를 한다고 통보해 온 것이었다. 확인해 본 결과, 선적시에 작성한 패킹리스트(Packing List)에는 분명히 그 플라스틱 마개와 테이프가 들어가 있었는데 통관하는 과정에서 합작회사 중국직원이 이것을 누락시켰고 중국 해관에서도 덩달아 빼먹고 넘어갔던 것이다. 결국 나는 관할 해관을 찾아가 당시 상황을 설명하고 선처를 부탁했으며 해관에서도 고의성이 없다는 것을 알고는 없던 일로 처리해주었다.

하지만 패킹리스트에 기입된 내용과 현장 도착 설비가 일치하지 않으면 그것은 어쩔 수 없이 과세 대상이 된다. 이는 기업뿐만 아니라 개인 물건에도 해당이 된다. 나는 중국으로 개인 이삿짐을 운반해왔다가 패킹리스트에 없던 냉장고가 나와 곤욕을 치른 적이 있었다. 이삿짐회사가 실수로 패킹리스트에 냉장고를 빠뜨렸는데 중국 현장에서 이삿짐 하역 작업을 할 때 해관으로부터 파견 나온 직원이 이를 발견하고 밀수품으로 처리해 버렸던 것이다. 결국 나는 벌금 1,200위안(약 18만원)을 내고서야 그 구닥다리 냉장고를 다시 찾아다가 쓸 수가 있었다. 단지 개인 물품이고 액수가 크지 않아서 그냥 넘어갔지만, 회사에서 도입한 비싼 물건에 이런 일이 생긴다면 어떻게 해야 할지, 상상도 하고 싶지 않다. 이처럼 현물출자를 받아 설비를 도입하는 경우에는 도입절차에 문제가 없는지, 세금과 관련해서 말썽의 소지가 없는지 꼼꼼히 확인하고 최종적으로 패킹리스트에서도 빠지지 않도록 세심하게 신경 쓰기 바란다.

중국 진출을 위해 조사팀을 만든다면 노무, 계약, 경리, 기술 4가지 분야의 담당자로 구성되어야 한다. 각각의 주요업무는 다음과 같다.

① 노 무

중국인의 관습과 습성을 이해하고 인사, 직원 채용, 급여 책정, 각종 복리후생, 기타 총무 업무 등에 적절하게 대처한다.

② 계 약

투자의향서(備忘錄) 협의 및 체결, 계약서 협의 및 체결, 각종 법률 관련 사항 등을 유연하게 처리한다.

③ 경 리

자본금 및 차입금 조달 방안, 투자비 회수 방안, 장래 손익분석, 증

치세, 관세 등 중국투자관련 조세 파악, 합작(합자)기업 경리업무 등
의 자금관련 업무를 담당한다.

④ 기　술

기술이란 해당 업종의 숙달된 노하우와 경험을 말한다. 예컨대 우
리 합작회사는 열병합 발전소이므로, 발전소의 건설 및 운영 경험이
기술에 해당한다고 할 수 있다.

일반적으로 노무와 계약은 한 사람이 전담하는 경우가 많다. 계약
의 경우, 필요하다면 법무법인을 통하여 법률자문을 받을 수도 있기
때문에 구태여 담당자를 별도로 두지 않는 경우도 많다.

일반적으로 우리나라 기업들은 재무, 경리 출신의 사장들이 많고
중국기업은 기술자 출신의 사장들이 많고, 일본기업의 경우 노무담
당 출신의 사장들이 많다. 물론 나라마다 국민적인 성향과 사회적인
특성이 달라 이런 현상이 생기는 것이겠지만 외국인이 중국에서 사
업을 하면서 부딪치는 가장 큰 문제는 문화적 차이로 인한 인력관리
의 어려움이다. 그러한 측면에서 보자면 총경리는 노무를 담당하는
사람이 맡는 것이 가장 유리하다. 노무를 담당하는 사람 중에 총경리
를 맡을 만한 인물이 없을 경우, 차선으로는 대체로 기술을 담당하는
사람 중에서 선발하는 것이 좋다. 현장상황을 정확히 파악하여 본사
에 전달할 수 있기 때문이다. 경리를 담당하는 사람이 총경리를 맡는
경우도 많지만, 필자의 견해로는 경리부분은 전문 담당자를 두고 총
경리는 노무나 기술 담당이 하는 것이 좋다고 본다. 그러나 합자(합
작)기업의 경우, 세월이 흘러 모든 파견자들이 철수하고 마지막까지
남는 근무자는 보통 경리 담당 직원이다.

★ 사업화 계획의 절차

①	②	③	④
투자환경정보	정보수집	판매/손익예상 (사업타당성보고)	투자여부의 결정
인프라상황			
노동력상황			
판매시장상황			
생활환경			
공장입지			
생산계획	회사 내 계획		
재료조달계획			
판매계획			
자금계획			

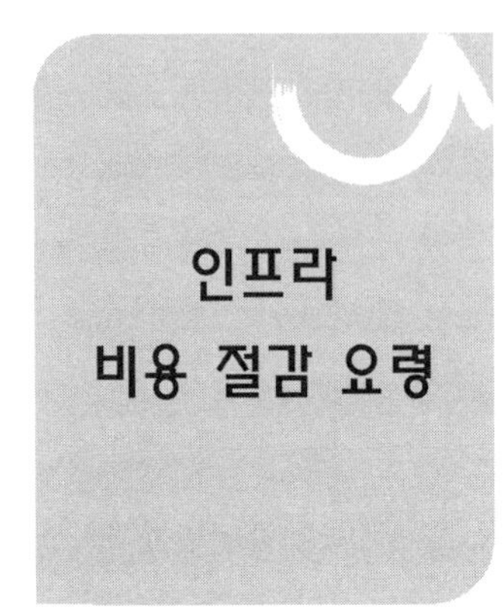

인프라
비용 절감 요령

투자준비를 위하여 중국 현지조사에 나설 때는 사업운영에 필요한 인프라(전기, 용수, 공업용 증기 등)의 비용과 공급능력을 철저히 조사하여야 한다. 예컨대 전력부족은 중국에서는 아주 흔한 일로, 구체적으로 전력을 사용할 수 있는 시간은 몇 시부터 몇 시까지인지, 심야·휴일전력요금은 차별화되어 있는지, 자가발전장치 설치가 가능한지 등등 세세한 부분까지 조사를 하여야만 차후 생산에 돌입하였을 때 예상치 못한 비용의 발생을 막을 수 있다.

우리 합작회사의 경우도, 근처에 풍부한 수원이 있어 공업용수는 전혀 걱정할 것 없다고 중국측 파트너가 하도 호언장담을 하기에 안심하고 사업에 착수하였다. 그런데 나중에 알고 보니 인청수(공업용수)를 사용하려면 공업용수가 지나가는 주배관에서 합작회사까지 별도의 파이프라인을 연결하여야 하는데 그 비용을 우리 합작회사에서 부담하라는 것이 아닌가. 그러한 사실을 뒤늦게 안 우리는 무려 2킬로미터나 되는 공업용수 배관을 합작회사까지 끌고 들어오는 비용으로 80만 위안(약 1억2천만원)을 지불해야 했다. 중국법상 공업용수 연결 비용은 신청 회사에서 부담한다고 하니 어떻게 할 방법이 없었다. 이러한 사실도 파악하지 못하고 있던 중국측 파트너에 대해 분통이 터졌지만 딱히 달리 대처할 방법이 없었다. 사실 어떤 때 보면 중국 직원들이 한국 파견자보다 중국관련 법규에 대하여 더 모르는 경우도 많기 때문에 중국사업의 사전준비를 할 때에는 중국측 파트너가 제공하는 자료에만 의지할 것이 아니라 직접 발로 뛰어가면서 알고 있는 부분까지 다시 한 번 체크해야만 예상하지 못하고 눈에 보이지 않았던 비용들을 발견하여 차후 자금계획에 차질을 빚지 않게 된다.

중국 건설현장에는 '3통1평(3通1平)' 이라는 말이
있다. '3통' 이란 건설현장에 전기, 공업용수, 도로가 통하고 있느냐라
는 말이고, '1평' 이란 부지가 평평하게 정지작업이 잘되어 있느냐는
말이다. 이 원칙은 외자 투자기업에게도 똑같이 적용된다. 전기수급
이 잘 되고 있는지, 공업용수는 원활하게 공급되는지 등 인프라 측면
이 완벽하게 갖추어졌는지는 사업의 가장 기초적인 문제이지만, 한
국과 달리 아직 중국에는 이러한 기반시설이 부족한 경우가 많으므
로 분명히 짚고 넘어가야 한다. 현지사정에 어두운 한국측 투자자가
이러한 문제까지 일일이 해결할 수는 없기 때문에 반드시 협약서나
계약서에 중국측의 책임사항으로 상세히 명시하여 중국측 투자자가
미리 해결을 짓도록 유도해야 말썽의 소지를 줄일 수 있다. 이 밖에
도 중국 내수시장 판매, 원료의 확보, 외화의 확보 등 투자기업마다
각기 다른 여러 가지 요구사항이 있을 것이다. 일반적으로 계약서상
중국측 투자자의 책임사항에 아래와 같은 내용을 기재하여 중국측에

서 해결할 수 있도록 한다.

① 전기, 공업용수, 통신, 연료 등 인프라 문제

② 합작(합자)투자에 관계되는 각종 인허가 취득 및 신고

③ 파견직원 주택

④ 원료, 부품, 기계설비류의 현지 조달

⑤ 중국 내수 시장 정보 및 판로 개척

⑥ 중국 국내영업의 인허가 취득

⑦ 기타 합의 사항

계약서를 작성하다보면 중국인들은 한국측이 요구하는 사항에 대하여 '노력한다'라거나 '적극 협조한다'라는 문장으로 책임소관을 애매모호하게 만들려는 습성이 있다. 그런 중요한 사항을 논하는 협상 테이블에서 한국측은 단호한 자세를 보여주어 '책임진다' 또는 '보증(보장)한다'라는 문구를 삽입할 수 있도록 필사의 노력을 기울여야 한다.

예컨대 우리 합작회사의 경우, 발전소라는 사회기반시설을 운영하는 관계로 생산품(전기와 난방용 열)을 전부 중국 내수판매에 의존할 수밖에 없었다. 판로는 애초부터 중국측에서 확보하기로 했기 때문에 판매단가를 얼마로 할지만이 문제로 남아 있는 상태였다. 우리는 수익이 보장되는 판매가격을 확보하기 위하여 중국측과 며칠이 걸리는 계약협상을 벌이다 결국 아래와 같은 문구를 받아내는 데 성공했다.

"중국측은 합작회사의 정상적인 생산경영과 양측의 투자회수 및 적정이윤을 보장하기 위하여 가격결정기관과의 협의를 책임지며 판매가격은 열 및 전기가격이 원가에 적당한 이윤을 보장하는 수준이상이며 원 연료비, 물가, 환율의 상승에 따라 조정함을 책임진다."

이러한 문구를 계약서에 삽입했다고 모든 일이 마무리된 것은 아니다. 미리 계약한 사항이 있다손 치더라도 실질적으로 경영을 해나가는 과정에서 중국측 투자자가 국가정책의 변경, 인민의 요구, 환경의 변화 등을 핑계로 위약을 하는 경우가 자주 있기 때문이다. 이러하니 중국에서 사업을 해본 경험이 있는 사람들이 하나같이 중국사업은 산 넘어 산이라고들 말하는 것이다. 어쨌든 이러한 위험요소를 제거하기 위해서라도 계약을 체결할 때, 위약시 배상책임 조항을 상세히 계약서에 명기하는 편이 좋다. 그러나 중국에서 합자(합작)사업을 운영하다 보면 중국측의 위약 행위에 대하여 섣불리 책임을 묻기가 어려워진다. 서로의 잘잘못을 따지기 시작하면 말 그대로 한·중 양 측의 협조관계에 금이 가기 때문이다. 여기서 알아두어야 할 것은 가급적 좋게 넘어가려고 하는 선량한 한국 사람들의 선의를 악용해 더욱 빈번히 위약행위를 자행하는 중국 투자자도 있다는 사실이다. 그러므로 적어도 초기에는 반드시 작은 약속 불이행 사항에도 즉각적으로 대응하는 자세를 갖추는 것이 좋다.

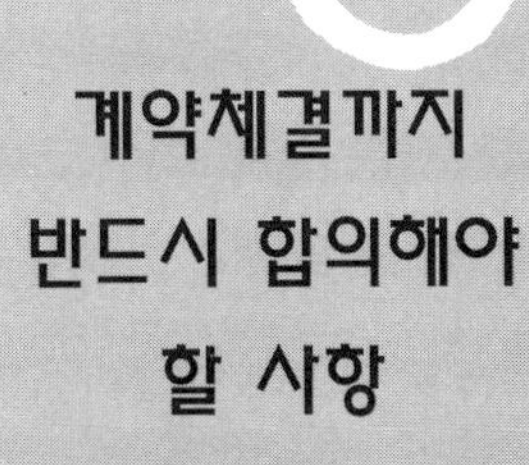

계약을 체결하기 이전에 아래 사항들에 대해서는 중국측과 가능한 합의를 이루어 놓는 것이 좋다.

① 출자의 내용, 방법 및 출자일정

② 회사조직, 경영관리기구의 편성

③ 이사회의 구성, 총경리의 파견 및 권한

④ 파견 나온 한국인 직원의 급여 책정 및 주택 문제 해결책

⑤ 중국직원의 급여

⑥ 기업의 해산기준 및 청산방법

⑦ 전기, 용수, 연료 등 인프라 조달에 대한 보장

⑧ 생산제품의 판매량 및 판매가격

⑨ 특허권, 기술 노하우 등에 대한 보호 등

특히 중국 내수시장을 겨냥하여 진출한 기업일수록 여덟 번째 항목인 '생산제품의 판매량 및 판매가격'에 대하여 신경을 써야 한다.

사실 판매가격이나 투자비 회수에 대한 보증서는 한·중 투자사업

초창기 외국기업체들이 보편적으로 요구하던 사항이다. 중국의 중앙 정부 및 지방정부에서 발행한 이러한 보증서들의 부작용이 너무 많아 지금은 국가에서 법으로 이를 금지하고 있다.

우리 합작회사의 경우, 생산하는 열과 전기가 전량 중국시장에서만 소비되는 상황이라 한국측 입장에서는 투자비 및 이익금 회수가 무엇보다 중요한 고려사항일 수밖에 없었다. 이를 위한 보증서를 요구하였으나 중국측 투자자가 난색을 표명하여, 결국 계약서상 차후 정식 생산에 돌입한 이후의 판매가격에 대해서 명시하는 선에서 타협을 보았다. 사실 중국측 투자자는 이것도 못 하겠다며 펄쩍 뛰었으나 '판매가격이 계약서에 명기되지 않으면 사업을 하지 않겠다'는 한국측의 선언에 놀라 결국 판매가격을 계약서에 명기하게 되었던 것이다. 돌이켜 생각해 보면, 중국측이 판매가격을 계약서에 명기하는 것을 완강하게 거부한 이유는 자신들이 작성한 사업타당성보고서에 현실성이 없다는 사실을 잘 알고 있었기 때문인 것 같다. 한국측의 투자 근거는 오로지 중국에서 제시한 사업타당성보고서였기 때문에 거기에 명시된 판매가격을 요구할 수밖에 없었고 그 가격을 계약서에 명기하는 데까지 성공했다. 물론 나중에는 이 조항조차 제대로 지켜지지 않아 애를 먹었지만….

이처럼 계약서를 작성할 때에는 훗날 문제의 소지가 있을 만한 것들에 대하여 세심하게 검토를 한 뒤 그러한 문제가 실제 발생했을 때의 조치방안에 대하여 미리 중국측과 협의하여 명시해 두어야만 뒤탈이 없다.

합작(합자)계약서상에는 설립되는 기업의 법인형태를 유한책임공사(有限責任公司)로 명기한다. 중국의 개정된 외자투자기업법에는 '합작(합자)기업의 위험과 손실은 본사에서 책임질 수도 있다'라는 표현이 있는데 이는 따지고 보면 외국측 투자자가 일단 투자한 사업은 합작기한이 끝날 때까지 밑 빠진 독에 물붓기처럼 계속 책임을 지라는 말과도 같다. 이건 이름이 좋아 유한책임공사지, 투자자의 책임은 무한대라는 어처구니없는 이야기이다.

우리 합작사업의 경우도 그렇다. 초창기 2~3년 간, 합작회사에 계속 적자가 발생하니 합작회사가 운영이 잘 되게끔 한·중 투자자가 유동자금을 2,000만 위안씩 빌려 주자고 중국측에서 제의해 온 적이 있다. 자본금도 이미 완납한 뒤였고 차입금 조달을 위하여 한·중 양측에서 지급보증까지 제공한 상태였는데도 이러한 요구를 해왔던 것이다. 마치 어느 부부에게 외아들이 하나 있는데 이 아들이 장가를 갔는데도 처자식을 먹여 살리지도 못하고 매일 비실비실하고 있으니 어머니는 그 자식에게 '집도 사주자, 차도 사주자'라고 이야기하고 아버지는 '자기 앞가림은 자신이 하라'는 모양과 흡사하다고 할 수 있다. 중국은 어머니의 입장에서 합작기업이 마치 자식인 양 계속 관여하려고 하고, 한국측은 아버지의 입장과도 같이 일단 자본금을 주었으니 뒷일은 합작회사가 알아서 자립하라는 입장을 취했던 셈이다.

　중국에 있는 대부분의 외국인 투자 합작(합자)회사들이 이러한 양상을 띠고 있다. 당연한 이야기지만 중국 현지 투자기업은 마땅히 자활 능력을 길러야지, 금전적인 책임을 투자자한테까지 전가해서는 안 된다. 따라서 계약서를 작성할 때부터 '합작(합자)회사는 자신에 속한 채무의 책임 및 위험을 전적으로 부담한다. 양측 투자자는 자본금을 기일 내에 납부하는 것까지만 책임이 있으며 기타 합작(합자)회사의 자금 및 채무에 대한 문제는 전적으로 합작(합자)회사가 관리한다'라는 문구를 삽입하여 더 이상 관여하지 않겠다고 못 박아두는 것이 좋다. 이런 상황을 미처 예상하지 못했던 우리 합작회사의 경우에는 위에서 밝힌 바와 같이 중국측 투자자가 합작회사를 살리자는 명목으로 자금의 추가대여나 차입금 이자의 대납 등을 계속 요구해대는 통에 한국 본사 전체가 골치가 아팠던 경험이 있다.

분쟁이 발생하면
중재를 이용하라

한·중 합작회사를 운영해 나가다 분쟁이 발생할 경우 그 해결책으로는 재판과 중재가 있다. 분쟁을 재판으로 해결하는 경우 보통 중국인민법원의 관할에서 재판이 이루어지므로 외국 측으로서는 상당히 불리한 판결을 받기 일쑤다.

우리 합작회사는 타고 남은 석탄재를 처리하는 재처리 설비를 중국 산동성 교주에 있는 공장으로부터 구입한 적이 있다. 설비대금은 약 500만 위안(약 7억5천만원) 정도였는데, 우리 합작회사는 당시 한창 발전소 건설을 진행하느라 자금의 압박을 심하게 받고 있었다. 그로 인해 대금지급을 다소 미룰 수밖에 없는 상태였다. 당시 그 설비회사의 담당자 하나는 우리 합작회사로부터 설비대금을 다 받아가려고 경리부에 살다시피 했다. 그런데 그 담당자가 문제를 해결한 방식은 입이 쩍 벌어질 정도로 정말 기상천외하였다. 어느 날 저녁, 퇴근을 하고 집에서 편히 쉬고 있던 총경리, 경리부장 그리고 나에게 "회사 은행 거래구좌가 동결됐다"는 중국인 부총경리의 급한 전화가 걸려 왔고, 우리는 깜짝 놀라 회사로 부리나케 달려갔다. 부총경리의 말에 의하면, 교주에 있는 재처리 설비회사가 이 날 오후 우리 합작회사를 상대로 설비대금을 기일대로 지불하라는 소송을 걸었다는 것이다. 기소를 당하면 중국법률에 의거, 해당 회사의 은행 통장은 판결이 날 때까지 동결된다. 당장 자금이 묶이는 급박한 상황에 직면하여 우리는 당혹감을 감출 수 없었지만 더욱 심각한 것은 관할 법원이 교주 소재로 되어 있다는 점이었다. 중국 재판에서 이기고 지는 것은 어느 지역 인민법원에서 판결을 하느냐에 달려 있다. 왜냐하면 중국이란 나라는 워낙 땅덩이가 커서 지방에 따라 자기 스스로를 보호하려는 '지방보호주의'가 팽배해 있기 때문이다. 이 재판이 합작회사가 있는 진황도에서 열리면 어떠한 어려운 상황하에서도 합작회사가 승소할 확률이 100퍼센트이고, 반대로 관할법원이 산동성 교주로 되어 있으면 당연히 설비회사가 100퍼센트 승소한다고 해도 과언이 아니다.

이 일이 있기 전날, 예의 설비담당자는 우리 경리부 직원에게 "저희와 맺은 구매계약서 좀 잠깐 볼 수 있을까요? 찾아볼 게 있어서요." 라고 말하고 계약서를 받아 들고 나갔다가 돌아왔다고 한다. 그 잠깐의 틈을 타서 계약서에다 아주 고약한 장난을 쳐놓았던 것이다. 그는 계약서에다 '분쟁이 발생할 경우 산동성 교주시 법정의 판결을 받는다'라고 새로 타자를 쳐놓고서 자기네 회사와 연락을 취해 바로 소송을 걸어버린 것이다. 그 계약서는 본래 일반적인 중국 상용구매계약서 양식이라 관할 법원을 기명해두지 않았었다. 기명하지 않을 경우에는 자연적으로 구매자 소재 법원의 판결을 받기 때문이다. 아무튼 부총경리가 법원으로부터 연락을 받고 한국인 간부들을 불러 한시라도 빨리 이 사태를 수습하려 하였지만 일단 그렇게 기재가 된 이상 속수무책일 수밖에…. 북경시 공안국 과학수사과를 찾아가 글자감식을 의뢰하는 등 별의별 방법을 써보았지만 교주 법원과 재처리회사는 둘이 똘똘 뭉쳐 결국 우리 합작회사 통장에서 나머지 설비대금 300만 위안(약 4억5천만원)뿐만 아니라 계약서에 나와 있는 연체료까지 몽땅 합작회사 통장에서 빼가고 나서야 합작회사 예금통장 동결을 풀어 주었다.

중국이 가진 독특한 지방보호주의 때문에 '관할권'은 너무나도 중요하다. 이것은 국제간의 분쟁에 있어서도 마찬가지다. 중국에서 재판으로 분쟁을 해결하려면 중국 인민법원의 판결을 받아야 하는데 인민법원은 '자국기업보호'라는 기본 개념에서 벗어나려 하지 않기 때문에 중국측이 100퍼센트 승소한다고 보면 된다. 따라서 분쟁의 해결은 중재를 통하는 것이 가장 현명하다. 중재에도 관할권이 재판 못지않게 중요한데, 장소의 선택에는 3가지 방법이 있다.

① 중국 내에서 중재
② 스웨덴 등 제3국에서 중재
③ 피고지에서의 중재

스웨덴 등 제3국에서 중재를 하는 것은 사실 중국측 투자자가 동의할 가능성이 거의 없으므로 힘들다. 그나마 피고지에서의 중재가 양측에게 공평히 적용한 조건이기 때문에 이를 선택하면 차후 분쟁 해결시 비교적 공정한 중재를 받을 수 있을 것으로 보인다.

Chapter 06

토지의 매입

- 토지도 감가상각을 한다?
- 부동산 담보대출이 안 된다고?

- 투기를 목적으로 한 토지매입은 불가능하다

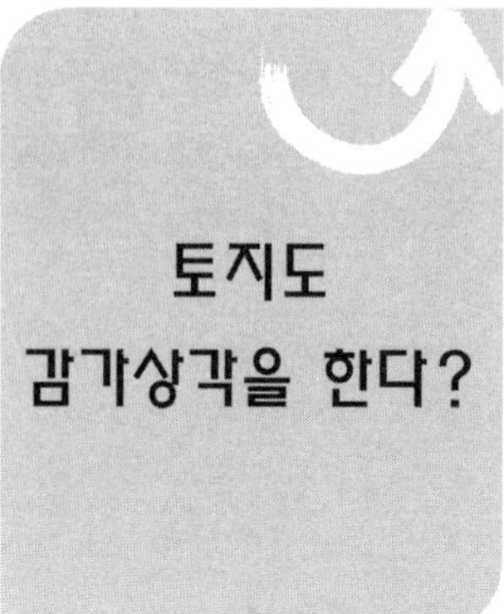

중국에서의 토지는 전부 국가 소유이고 일반 국민들은 토지 사용권만 가질 수 있다. 토지의 사용기간 내에는 매매가 가능하다. 외상투자의 경우 일반적으로 토지사용기간은 합작(합자)기간과 일치하며 공업용 토지의 법정 최장사용기간은 50년이다. 일반적으로 토지의 사용기간은 짧게는 20년, 공업용지는 50년, 농업용지는 70년 등으로 기한이 정해져 있다.

기업체가 보유한 토지는 중국 회계법에 의하여 감가상각을 해야 한다. 우리나라 사람으로서는 좀 이해가 안 가는 부분이지만 토지에 대한 영구소유권이 없고 사용기한 내의 사용권만이 주어지기 때문에 감가상각을 하는 것이다. 중국측 투자자와 합작(합자)을 하는 경우, 중국측에서 토지를 현물출자하는 경우가 많다. 이때 주의 깊게 확인해야 할 사항이 하나 있다. 그것은 감가상각기간과 토지 사용기간이 일치하는지를 확인하는 것이다.

한번은 이런 일이 있었다. 합작회사의 부동산 담보대출을 알아보느라 관할 토지관리국으로 가서 여러 가지를 문의하던 중, 담당직원이 우리 합작회사 주소지의 토지사용권 관련서류를 꺼내 왔는데 거기에 토지사용기간이 50년으로 기재되어 있는 것을 발견했다. 나는 고개를 갸우뚱거리며 다시 살펴보았다. 왜냐하면 우리 합작회사는 계약서 상 합작기간을 20년으로 설정해 두었고 토지사용증에도 기간이 20년으로 되어 있었기 때문이다. 더구나 우리 합작회사는 합작기간 20년에 맞추어 연간 70여만 위안을 토지에 대한 감가상각비용으로 처리하고 있었으므로 토지사용권 기한이 50년이라면 감가상각비용이 대폭 줄어들게 되는 것이다. 그 후 이 일에 대하여 공개적으로 문제제기를 한 결과, 중국측 투자자가 국가로부터 토지를 50년으로 불하받고서는 우리에게 그 사실을 숨겼음을 알아냈다. 이들은 합작회사의 토지를 20년간 감가상각하여 합작기간이 끝날 무렵에는 자산가치가 없는 것으로 만들어 한국측을 기만한 뒤, 합작기간이 끝나 한국측이 철수하면 남은 30년 동안에 해당하는 사용권을 비싼 가격으로 매각할 속셈이었던 것이다. 결국 한국측은 합작회사 토지의 감가상각기간을 50년으로 바꾸어 놓아 감가상각비용을 매년 70만 위안에서 30만 위안으로 깎고 합작기간이 만료되는 시점에는 토지의 잔존가치를 한·중간의 투자비율대로 분배하도록 했다. 한·중 합작(합자)투자의 경우, 사업기간은 일반적으로 15~30년 정도인데 토지관리국이 보관하는 토지사용증서 원본에 기재되어 있는 불하기간은 그보다 훨씬 길 수 있다. 그런 경우, 투자기간 동안 과다한 토지 감가상각으로 인한 쓸데없는 손실을 볼 뿐만 아니라 철수한 뒤에는 상승된 토지가치로 인하여 중국측만 이익을 독점할 수 있으니 이 점을 유의하고 꼭 확인하여야 한다.

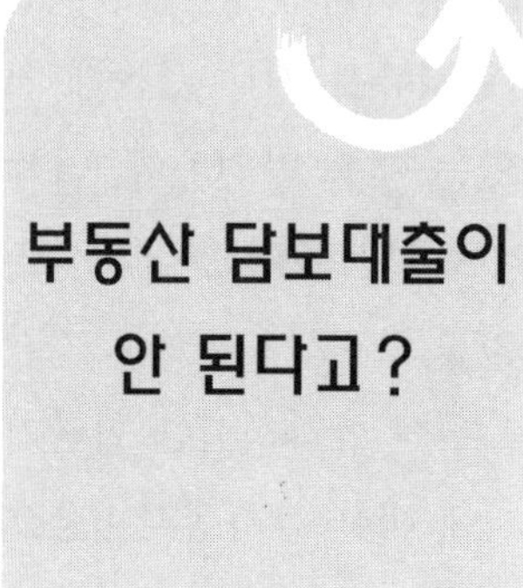

우리 합작회사의 중국측 파트너는 정말 지독한 사람들이었다. 그들은 외국인 투자자에게 할 수 있는 온갖 못된 경우의 수를 총망라하여 실행에 옮겼다. 그러한 일들을 하나부터 열까지 몸소 겪으면서도 그들과 같이 10여 년 동안 한솥밥을 먹은 덕분에 지금은 중국사업에 대해서는 어떠한 어려움을 당하더라도 극복해낼 자신이 생겼다. 중국파견근무 당시에는 괴로운 나날도 많았지만, 결국은 그것들이 나에게 큰 재산이 된 셈이다.

첫 번째 파견근무를 나갔을 때, 합작회사의 부동산을 담보로 은행 대출을 받을 수 없는 줄로만 알았다. 그것은 나뿐만 아니라 다른 한국인 파견자들도 마찬가지였다. 중국측 투자자가 "중국은 공산주의이기 때문에 관련 법규에 의하여 고정자산 담보대출이 안 된다"고 주장했기 때문이다. 당시에는 중국인들이 그렇게 말하니 그런가 보다고 수긍하였는데 한국으로 돌아와 곰곰이 생각해보니 '아무리 공산주의 국가라 해도 세상에 부동산 담보대출이 안 된다는 것이 말이 되는 소리 아닌가!' 하는 의심이 가시지를 않았다. 그 날부터 중국의 부동산 담보대출관련법을 하나씩 알아보기 시작했고 얼마 가지 않아 내 의심은 사실로 드러났다. 중국에서도 담보법에 의거, 토지 및 건물, 구축물 그리고 설비 담보대출이 충분히 가능했던 것이다. 중국측 투자자는 필요한 자금을 가능하면 한국에서 끌어오고 싶었던 속셈이 있었던 것이다. 나는 고정자산 담보대출이 안 된다고 큰소리치는 중국측 투자자만 찰떡같이 믿고 그때까지 합작회사에서 해매고 있을 한국인 파견자들을 일깨워 주기 위하여 즉시 중국으로 달려갔다.

중국에 도착하자마자 내가 첫 번째로 한 일은 관할 중국 공상은행 지점장을 만나 우리 합작회사의 재무현황과 시설 현황을 알려 주고 담보대출이 가능한지 묻는 일이었다. 그 지점장은 어이없다는 듯이 나를 바라보며 "이런 좋은 담보에 대출을 안 해 준다면 우리 은행은 어떤 기업을 상대로 대출을 해줍니까?"라며 도리어 반문을 하는 것이 아닌가. 중국에서도 부동산 담보대출은 당연히 된다. 부동산, 건물의 경우 가장 좋은 담보물로 인정되어 평가액의 60~80퍼센트 가량 대출이 가능하며, 설비의 경우는 평가액의 10~30퍼센트까지 대출이 가능하다. 부동산 담보대출을 위해서는 다음과 같은 서류가 필요하다.

① 토지사용권
② 방옥산권증(건물 재산소유 권리증으로, 방지산관리국에서 발행한다.)
③ 담보허가증
④ 이사회 동의 서명 증명
⑤ 담보계약서(은행·외자기업)
⑥ 대출계약서(은행·외자기업)

⑦ 담보물 리스트

⑧ 토지평가보고(토지관리국의 지가에 대한 평가보고)

⑨ 담보신청서

⑩ 당사자 법인대표의 신분증명, 신분증 사본

⑪ 사업자등록증 부본 사본

이 중에서 '방옥산권증'은 우리나라의 건물등기부등본에 해당하는 것으로 가장 중요한 서류이다. 공장이 완공되면 이것을 발급받기 위한 등기절차부터 밟아야 한다.

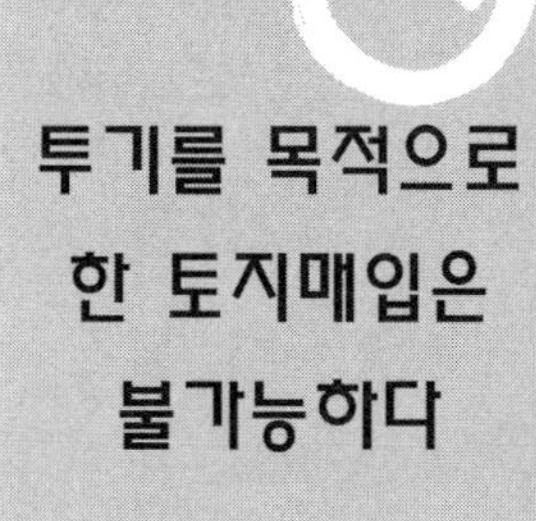

중국의 토지는 법률상 양도가 가능하지만 용도변경은 허락되지 않는다. 특히 각 도시 개발구의 공업계획 지역 부지를 다른 용도로 사용하는 것은 엄격히 금지되어 있다. 토지사용권은 해당 토지를 이용하는 사업계획서의 허가를 받지 않으면 취득이 불가능하다. 따라서 토지사용권 기간과 그 토지를 이용한 투자기업의 사업기간이 일치하지 않으면 안 된다. 만약 합작(합자)기업을 사업기한 중간에 청산하는 경우, 토지사용권 기간은 계속 존속하므로 국가에 무상으로 반환하여야 한다. 중국회사등기 관리조례 제62조에 의하면 "회사설립등기 이후, 정당한 사유나 이유 없이 6개월을 초과하여 영업을 개시하지 않거나, 개업 후 계속하여 6개월 이상 조업이 정지된 경우, 등기기관은 영업허가증을 취소한다"라고 규정되어 있기 때문이다.

토지계약에 정한 개발기한을 1년 이상 초과하고 토지개발에 착수하지 않는 경우, 정부는 토지 평가액의 20퍼센트 이하에 해당하는 토지 유휴비(遊休費)를 징수하게 된다. 토지를 2년 이상 착공하지 않고 방치하는 경우는 도시부동산관리법 제25조에 의거, 국가에서 토지사용권을 강제로 몰수해 간다. 따라서 중국에서 '이 땅은 현재는 필요하지 않은 땅이나 앞으로 토지사용권 가격이 상당히 오를 것 같아 미리 사두었다'라는 말은 근본적으로 통하지 않는다. 그러니 중국에서 부동산 투기로 돈 벌 생각은 하지 않는 편이 좋다. 하지만 여기에도 예외가 있다. 중국 정부로부터 사업계획을 허가받고 착실히 공장도 잘 완공하여 사업을 진행했음에도 불구하고 사업실패나 기타 불가항력적인 사항으로 사업을 중지하게 되는 경우에는 정부로부터 취득한 토지사용권을 타인에게 임대하거나 양도할 수 있다. 이 경우, 시가에 따른 매각이 가능하므로 다소나마 이익을 얻을 수 있다고 보아도 좋다.

매매가 가능한 사용권에는 토지에 집이나 공장 등을 지어 단지 임대만 할 수 있는 사용권과 우리나라의 아파트 분양처럼 토지에 건물을 지어 팔 수 있는 사용권 등 두 가지가 있으므로 용도에 따라 적절한 사용권을 선택하여야 한다. 토지사용권은 원칙상 20~70년의 계약기간이 끝나면 반환해야 하지만 앞으로는 추가비용만 부담하면 연장이 가능할 것으로 예상되기 때문에 정상적인 사업용도의 투자라면 크게 우려할 필요는 없을 것 같다. 또한 토지사용권을 되팔거나 은행에 저당 잡힐 수도 있고 압류도 가능하므로, 토지사용권의 기간만 정해져 있을 뿐 사실상 한국의 토지 매매와 거의 똑같다고 보면 되겠다.

개인적으로 중국 부동산에 관심이 있어 중국에 가서 토지사용권을 구입하고자 할 때는 토지사용권의 원주인인 정부나 국영기업체로부터 사는 것이 좋다. 정부로부터 직접 사면 거래 프리미엄이 붙지 않

은 상태이므로 가격이 상대적으로 저렴하기 때문이다. 또한 중국에
는 토지에 대한 등기권리증이 없으므로 사용권을 사기 전 반드시 해
당 지방정부의 부동산 담당 부서인 토지관리국이나 방지산관리국에
가서 등기사항의 하자 유무를 직접 확인해야 한다는 점에 주의를 기
울이기 바란다.

Chapter 07

경영상 이것만은 반드시 알아 두어야 한다

동사장과 총경리 중 무엇을 택할 것인가

중국기업에는 좀 특이한 점이 있다. 모든 기업이 총경리(사장)와 동사장(이사장)을 분리하고 있는 것이다. 우리나라의 경우, 상법 제389조에 "회사는 이사회의 결의로 회사를 대표할 이사를 선정하여야 한다"로 되어 있고 사장이 대표이사를 겸하는 경우가 보통이지만 중국기업은 두 직책을 완전히 분리시켜 놓았으며 아주 소규모 회사이거나 특별한 경우에만 총경리가 동사장을 겸한다. 총경리란 단지 회사의 경영관리기구를 책임지는 전문경영인이고 실질적인 경영권의 핵심은 동사장(이사장)이 쥐고 있다. 중외합자기업법(2001년 3월 15일 개정) 제6조에는 "동사회(이사회)는 평등호혜의 원칙으로 합자기업의 모든 중대 문제를 결정한다"라고 되어 있으며, 동법 실시조례(2001년 7월 22일 개정) 제34조에는 "동사장(이사장)은 합자기업의 법정대표이다"로 되어 있다. 이처럼 기업의 법정대표는 총경리가 아닌 동사장이다. 동사장은 동사회를 소집하여 기업의 모든 중대 사항을 결정하도록 되어 있다. 따라서 중국투자사업을 진행하다보면 한국측 투자자로서 누구나 고민에 빠지는 부분이 바로 '동사장과 총경리 중 어느 직책을 한국측에서 맡아야 하느냐'는 문제이다.

한국측에서 신설된 한·중 투자기업의 총경리를 맡는 것이 좋을지, 아니면 동사장을 맡는 것이 좋을지 쉽게 판단이 서지 않게 마련이다. 우리나라의 정서로는 회사에 상주하면서 인사권, 재무권을 쥐고 경영관리를 총괄하는 총경리(사장)를 훨씬 많이 선호한다.

우리 합작회사의 경우, 총경리와 동사장 중 택일하는 기로에서 한국측은 총경리를 선택하였다. 적지 않은 자금을 타국에 투자하는 입장에서 회사 사장을 중국인에게 맡겨 놓았다가는 그 사람들끼리 무슨 짓을 할지 모른다는 생각 때문이었다. 하지만 합작회사를 운영하면서 차차 깨달은 것은 총경리란 단지 회사경영관리기구를 책임지는 경영자일 뿐 회사의 실질적인 대표는 동사장이라는 점이었다. 우리 생각에 한국측이 총경리를 맡고 있으니 총경리의 권한으로 중국인 부총경리를 꽉 잡고 흔들면 합작회사는 완벽하게 한국측이 장악할 것으로 판단하였으나 중국인 부총경리는 의외로 호락호락하지 않았다. 그는 따로 믿는 구석이 있는 모양이었다. 알고 보니 그 중국인 부총경리가 믿는 구석이란 바로 회사 밖에 있던 중국인 동사장이었다. 부총경리는 겉보기에 총경리의 지시를 따르는 것 같았지만 결정적인 순간에는 항상 사외(비상근)에 있는 동사장에게 보고하고 그의 명령대로만 움직였다. 그러니까 합작회사로 보내진 부총경리는 중국측 동사장의 대변인이었던 것이다.

이런 구조에서는 아무리 한국측에서 총경리 직을 맡는다고 하더라도 중국측 부총경리와 중국인 직원들은 동사장 명령에 따르게 마련이다. 따라서 중국투자를 준비하는 한국기업들은 총경리와 동사장 중 어느 것을 선택할지 신중히 고려해야 한다.

중국에 투자하는 사업이 원래 한국에서부터 독보적인 기술력을 가지고 있어 중국에 들어가더라도 한국인이 아니면 도저히 회사 운영이 안 된다든지, 아니면 생산품을 중국 내수시장이 아니라 전량 해외시장에 내다파는 형태로 판로를 한국측에서 장악하고 있을 경우에는 한국측이 한·중 투자기업의 총경리를 맡는 것이 좋다. 기술 및 판로를 확보하고 있는 상태에서는 동사장이라고 해도 감히 한국측을 쥐고 흔들 수는 없을 것이다.

반면에 중국 내수시장을 겨냥하고 중국측을 전적으로 신뢰하며 중국진출을 하는 경우, 또 손해를 각오하더라도 반드시 중국 진출의 전초기지를 설정하여야 할 경우에는, 동사장을 한국측에서 맡고 총경리 직을 중국측에 위임하는 방법을 쓸 수도 있다.

동사(이사)는 비상근을 원칙으로 한다. 동사가 상근으로 근무하면 총회계사라든지 총공정사(기술사) 등의 보직을 주어야 하는데, 중국 외자기업법상 부총경리, 총회계사, 총공정사 등은 총경리와 동등한 급여를 지불하게 되어 있다. 총경리가 한국인인 경우, 임금이 중국인의 수십 배에 이른다. 만약 동사들을 투자기업에 상근 근무를 시킨다면 이들까지 동등한 수준의 급여를 지급해야 하므로 인건비 지출이 대폭 상승할 수밖에 없다. 이사진은 반드시 비상근으로 해야 한다. 물론 동사장도 비상근이다.

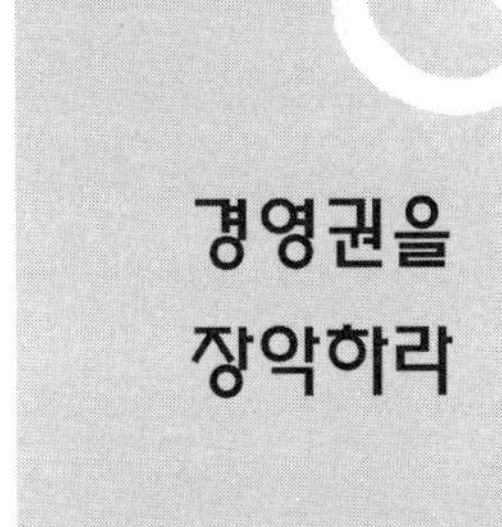

동사회(이사회)는 회사의 현장 경영 집행책임자로서 총경리를 임면한다. 총경리는 회사 직원 중 최고의 직위에 있으며 회사의 일상 업무를 수행하는 책임을 맡는다. 법률상 경영인(고용된 사용인)이기도 하면서 일반직원이기도 한 총경리는 자신이 원하면 공회(公會, 노동조합)에 가입할 수도 있다.

총경리는 현장 책임자로서 회사조직을 장악할 수 있는 응집력과 리더십이 필요하다. 중국인들은 흔히 '사외에는 경영자가 있고, 사내에는 고용된 총경리가 절대 권력을 가지고 있다', '정부에는 경영자가 있고, 총경리는 정부에서 파견한 인재이다'라고들 말한다. 이는 일개 회사조차 당과 정부에 의해 움직인다고 믿을 정도로 중국인들이 정부와 당을 신뢰하고 있음을 단적으로 나타내는 말이다. 이렇게 일개 말단직원에 이르기까지 '중국 공산주의'라는 기치 아래 일사불란하게 움직이는 이들을 한국인 총경리가 장악하려면 목숨을 걸고 조직을 장악하려는 의지가 있어야 한다. 그렇게 하다보면 중국측과 마찰이 발생할 수도 있지만 사소한 문제를 무서워했다가는 총경리를 맡고 있으면서도 중국측에 이끌려 가는 꼴이 되고 말 것이다. 그간 중국에서 경험한 바를 토대로 한국인 총경리가 조직을 장악하는 조건 및 요령을 몇 가지 소개해 보겠다.

① 단 한 마디를 말하더라도 직원들 앞에서 자신 있게 중국어로 말하라.

중국어에 능통하지 않아도 상관없다. 단 한 마디를 말하더라도 중국직원 앞에서 통역을 사용하지 않고 중국어로 자신 있게 말하면 중국직원들은 감명을 받고 총경리의 명령에 따르기 시작한다. 어조는 어휘와 관계없이 타인에게 자신의 신념을 담아 전달한다. 마치 자신만의 영어를 구사하는 히딩크 감독처럼!

② 실력으로 장악하라.

총경리는 한 가지를 깊게 알 필요는 없다. 단지 한·중 투자기업에 관련된 사항을 대충이라도 폭넓게 알아야 하며 중국직원들의 어떠한 질문에도 대답할 수 있어야 한다. 특히 초반에 '실력도 없는 총경리'로 직원들 사이에 회자되기 시작하면 나중에 어떠한 응집력도 발휘할 수 없다.

③ 직원들과 술자리를 자주 만들라.

중국 비즈니스에서 술은 대단히 중요한 매개체이다. 중국 직원들이 이방인 사장과 가까워지는 데에는 술만큼 효과가 있는 것이 없다.

④ 소소한 부분에서 인심과 의리를 보여라.

물론 중국인들도 자기 이익을 챙기는 영민함이 발달해 있지만 자신에게 선심을 베풀고 신의를 지켜주는 사람에게는 강한 신뢰감을 보인다. 그래서 중국인들은 사귀기가 어려워도 한번 의리로 맺어진 관계(꾸안시)는 평생토록 간다.

⑤ 안테나를 심어두라.

회사 조직 내에 자신에게 유용한 정보를 알려 줄 중국인 직원을 두어야 한다.

⑥ 도덕적이어야 한다.

총경리는 음주, 여자 등 사생활에서 타의 모범을 보여야 한다. 만약 그렇지 못하면 물가 싼 중국에서 한번 멋지게 놀아 보려고 온 총경리로 낙인찍히고 결국 비참한 말로를 맞는다.

⑦ 나는 중국인이라고 생각하라.

중국인의 눈높이로 그들과 같이 공동체 생활을 해야 한다.

⑧ 무엇보다도 중국인 동사장을 구워삶아야 한다.

아무리 유능한 총경리라도 중국측 투자자 대표인 동사장과 의기투합하지 못하면 앞에 나열한 어떠한 요령이나 조건도 다 소용이 없다. 관건은 중국측 동사장을 완전하게 내 사람으로 만드는 것이다.

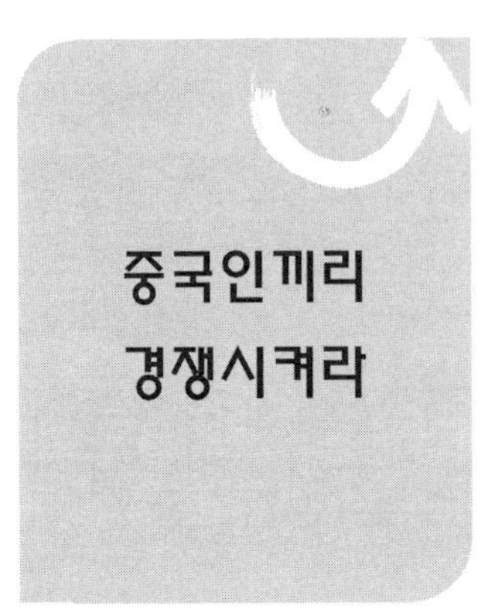

합작(합자)회사에서 한국인이 총경리를 맡는 경우, 대개 중국인이 동사장과 부총경리를 맡는다. 이런 상황에서 한국인 총경리는 중국인 간부 사이에 끼어서 회사경영관리에 어려움을 겪는 경우도 많다. 중국인들 사이에는 이런 말이 있다. '중국인은 한 사람이 있을 때에는 용, 두 사람이 있으면 고양이, 세 사람이 있으면 새'라는 것이다. 중국인들이 자신들의 단결심을 비하하여 하는 말이다. 나도 합작회사를 운영하면서 느꼈던 바지만, 중국인들은 어느 한 사람 강력한 리더십을 지닌 이가 있으면 강한 응집력을 발휘하면서 똘똘 뭉친다. 하지만 두 명 이상의 대등한 힘을 지닌 간부가 있는 경우, 그 둘을 중심으로 편을 가르기 시작하고 회의 때마다 상대방 간부와 그 휘하 사람들을 흉보느라고 시간을 다 보낸다.

중국인 부총경리가 합리적이고 국제적인 감각을 지닌 사람이라면 비록 총경리가 한국인이라고 해도 그를 잘 보필하여 회사를 이끌어나갈 텐데, 중국을 매우 사랑하는 국수주의 부총경리가 오면(유감스럽게도 대다수의 부총경리가 여기에 해당한다) 총경리의 지시를 무시하고 회사 내의 모든 중요사항에 대하여 직접 동사장의 명령만을 받아 처리하다가 급기야는 총경리를 한국으로 보내는 수도 있다.

이런 악질적인 부총경리가 있는 경우, 부총경리를 복수로 두어 이들을 용이 아닌 고양이로 전락시키는 전략도 필요하다. 이 방법은 독자투자인 경우 당장에 써먹을 수 있고, 합자나 합작 투자회사의 경우도 사전 계약협의 때 '중국인 부총경리를 2명 채용해 주겠다'고 하면 그들도 중국인 자리가 하나 더 늘어나는 것만 생각하고 흔쾌히 받아들일 것이다.

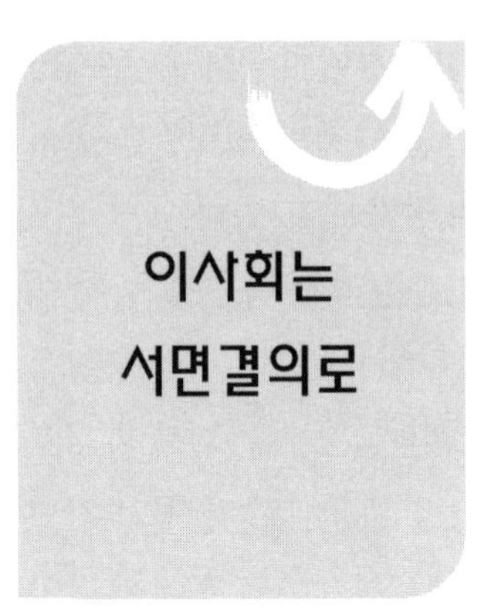

이사회는
서면결의로

한국에 있는 우리 회사는 한 달에 한 번 정도 이사회를 개최하여 주요 현안에 대하여 논의·결정한다. 하지만 중국에 설립된 한·중 투자기업들은 지리적인 문제로 인하여 그리 쉽게 동사회를 개최할 수가 없다. 예컨대 우리 합작회사의 경우, 양국의 동사들이 만나서 정식 동사회를 개최하는 것은 1년에 한 번 있을까 말까한다. 하지만 서면결의 형식의 동사회는 자주 시행하는 편이 좋다. 이는 양측의 동사들이 동사회를 위하여 이동하는 번거로움 없이 필요한 안건에 대하여 신속한 결의를 내릴 필요가 있는 안건을 처리하기 위함이다. 보통 팩스나 전화로 의견을 나눈 뒤에 최종적으로 팩스를 통해 서면결의한 내용을 주고받으면 되니 절차 또한 간단하다. 서면결의는 한·중 합작(합자)회사의 동사회 의결 방법 중 가장 많이 사용하는 방법이므로 서면 결의에 대한 내용은 반드시 계약서에 반드시 삽입하여야 한다. 동사회에 참석하기 위하여 양측에서 안건을 준비하고 동사들의 비자도 발급받아야 하고, 한번 중국에 가면(혹은 한

◎ EMS(특급항공우편)을 이용한 서면결의

국에 오면) 서로 접대하고 접대 받느라 본연의 업무보다 더 많은 경비
와 시간을 할애하여야 하기 때문에 서면결의 방식의 동사회 결의는
아주 유용하다. 물론 홈 앤드 어웨이 방식으로 1년에 한 번 정도 상호
방문해 정식 이사회를 개최하여 우호를 돈독히 하는 것도 매우 중요
하니까, 이 둘을 적당히 배합하여 이사회를 개최한다면 효율적인 기
업관리가 될 것이다.

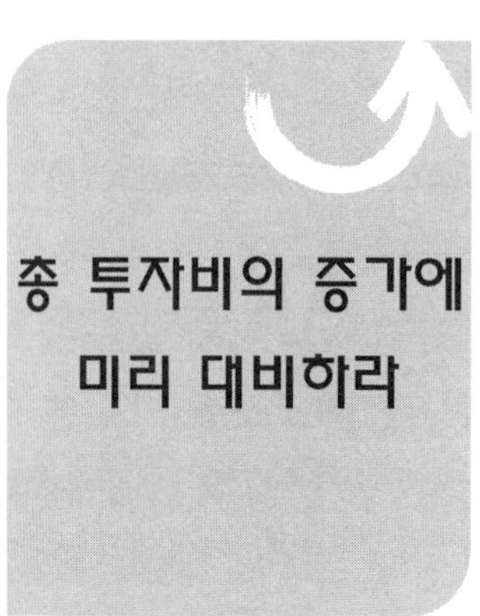

중국 투자를 위하여 한 · 중 사이의 계약서를 체결한 후, 가장 먼저 해야 하는 일은 공장의 건립이다. 물론 투자규모나 사업의 성격에 따라 다소 차이는 있겠지만 보통 생산시설을 필요로 하기 때문이다. 계약서에 약정된 자본금과 차입금, 즉 총 투자비의 대부분은 바로 이 건설공사에 투입된다. 그러나 투자비는 공사에만 쓰이는 것은 아니다. 건립된 공장에서 물건을 생산하고 회사를 움직이려면 당연히 기본적인 운영자금이 필요하다. 문제는 여기서부터 시작된다. 중국에 진출한 대부분의 사업체들은 시설공사가 끝나가는 시점부터 심각한 고민을 하게 된다. 돈 나갈 곳은 많은데 이미 투자비는 다 써버렸고 여유자금이 하나도 남지 않게 되어버린 것이다. 현장 규모가 큰 사업일수록 이런 현상이 두드러진다. 이는 애초에 중국측에서 제시했던 총 투자비 산정 방식에 문제가 있었기 때문이다.

중국 진출시, 최초 사업타당성에 관한 조사는 대체로 중국측에서 미리 작성한 초보가행성보고서(初步可行性報告書 : 기초사업타당성보고서)에 의존할 수밖에 없다. 보고서에는 사업허가를 받기 위하여 중국측 파트너가 은행이나 설계원(설계회사)을 통하여 산출해 낸 총 투자비가 기록되어 있다. 원칙대로라면 이 총 투자비 산정은 실제 공사비와 근접해야 하지만 현실은 그와는 딴판이다. 중국 건설분야에는 예산원(預算員)이라는 직책이 있어 예상건설공사비와 기성검사를 전문으로 한다. 이런 예산원들은 예상건설공사비를 계산할 때, 각 성별 정액(定額 품셈)을 기준으로 대략공사비를 산출해 낸다. 이것을 개산(槪算)이라고 하는데 말 그대로 개략적으로 뽑아내는 투자비이기 때문에 나중에 공사가 완공되어 정산을 하고 나면 많은 차이를 보이게 된다. 또한 업종에 따라 공장의 정액기준이 최근 연도까지 업데이트가 안 되어 있는 경우, 몇 년 전 기준을 근거로 예상 총 투자비를 산출해 내야 한다는 어려움까지 겹친다. 우리 합작회사는 열병합발전소를 1997년에 착공하였는데 당시 가장 최근의 하북성 발전소 정액기준은 1984년 판이었다. 그간의 물가상승분까지 고려하려니 고충은 이만저만이 아니었다.

그래도 우리 합작회사는 선방을 한 편이다. 공사를 완료하고 나니 예상했던 대로 물가상승률을 반영한 수치인 23퍼센트만 총 투자비가 증가하였던 것이다. 하지만 비슷한 시기에 비슷한 규모의 발전소를 하북성 당산 시에다 합작투자한 미국의 모 업체는 무려 100퍼센트에 해당하는 투자비를 추가로 지불할 수밖에 없었다. 도저히 이해가 안 가지만 중국인들은 "그 정도 나와야지 정상이다"라고까지 이야기들을 하니 혀를 내두를 노릇이다. 그래서 직접 당산 발전소의 미국인을 만나 "어째서 직접공사비가 그렇게 많이 올라가게 되었느냐?"고 물어봤다. 그랬더니 "중국의 개산제도가 원체 불합리한데다가 정액표에 없는 설비, 자재들은 시장조사가격을 주어야 했기 때문에 투자비가 큰 폭으로 상승했다"라고 털어놓았다. 넌더리가 난다는 그의 표정에서 그 답답한 심정이 그대로 전해져 왔다.

정액표(定額表)란 품셈을 말하는 것으로, 건설회사가 시공을 위하여 구입하는 각종 자재, 설비, 재료 등의 기준가격표를 뜻한다. 그렇지만 중국의 정액표에는 없는 물건들이 대부분이다. 시멘트, 철근, 모래 등 아주 간단한 몇몇 가지만 빼고 좀더 구체적인 재료구매로 들어가면 전부 시장가격을 지불해야 한다. 토건분야는 그래도 양반이다. 기계설치분야는 아예 처음부터 시장가격을 알아보는 것이 빠르다. 이러다보니 건설비가 올라가지 않을려야 않을 수 없다. 턴키베이스(Turnkey Base, 일괄 도급) 방식의 공사도 시장가격 자재공급 때문에 준공 후 정산 때에는 공사비가 애초 계약했던 금액보다 훨씬 많이 올라가는 것은 마찬가지다. 그렇지 않으면 싼 가격으로만 자재를 구입하여 건설품질을 엉망으로 만들어 놓을 수도 있다.

이러한 현상은 중국이기 때문에 일어날 수 있는 특성이다. 이런 점을 고려하여 총 투자비 증가를 막으려면 다음과 같은 조치를 취하여야 할 것이다.

① 빠른 시일 내에 한국직원 중 한 사람을 양성하여 건자재의 중국 시장가격 조사 및 확인을 전담시킨다. 중국직원은 중국건설회사와 결탁할 가능성이 매우 높다.

② 중요 기자재는 한국 총경리의 책임하에 직접 구매한다.

③ 최초 총 투자비 작성시의 품셈기준이 몇 년도 산인지 반드시 확인하여 가장 최근 것으로 하여야 한다.

아무리 먼저 조치를 취한다고 해도 총 투자비는 결국 올라가게 되어있다. 그때를 대비하여 총경리는 미리부터 한국 본사에 이러한 사실을 주시시켜, 정산시 추가 투자가 되더라도 놀라지 않게 하여야 하며, 차입금 조달 방법도 미리미리 조사해 두어야 한다. 또한 한국의 본사는 중국에 나가 있는 파견자들이 타국에 떨어져 있어 본사의 간섭에서 벗어나 있으니 투자비를 더 내야 한다고 하면 색안경부터 끼고 보는 경향이 있는데, 일단 이러한 의심을 갖기 시작하면 그때부터 중국사업은 한국측 투자자 내부의 불신으로 인하여 꼬이게 된다.

자본금 납입은 연기가 가능하고 자금이 모자라는 경우 감자(減資)가 가능하다

중국 사업을 진행하다 보면 여의치 않은 사정이 생겨 자본금 납입을 미뤄야 할 경우가 생긴다. 현행 중국 관련법상으로 자본금 납입은 연기가 가능하다. 또한 자금이 부족하여 투자비 조정이 필요할 경우, 자본금의 감자(減資)도 가능하다.

외자기업법 실시세칙 제30조에는 "자본금의 납입은 회사 설립 후 3년 이내에 분할 납입한다"라고 규정되어 있으나, 제31조에 "외국인 투자자가 정당한 사유로 출자의 연기를 요구하는 경우, 심사비준기관의 허가를 득하여 공상행정관리기관에 신고한다"는 문구가 삽입되어 있으므로 필요하다면 자본금의 납입을 연기하여도 된다. 납입기한은 최장 5년까지 연장이 가능하고 5년이란 세월이 흘렀음에도 불구하고 자금이 부족할 경우 감자(減資)라는 최후의 방법을 택하면 된다.

세금감면 혜택

우리 합작회사는 발전소라는 장치산업의 특성 상, 회임기간이 비교적 길어 정식생산개시 이후에도 몇 년간은 계속 적자를 볼 수밖에 없었다. 그 기간 동안 우리 합작회사는 기업소득세와 지방소득세를 납부하지 않아도 되었다. 왜냐하면 중국 외자기업법에는 제조기업이 정식 생산에 돌입하여 이익이 발생하기 전까지는 기업소득세와 지방소득세를 포함하여 총 33퍼센트에 대하여 면제를 받기 때문이다. 그러나 2008년 1월 1일부터 새로운 기업소득세법이 적용되었다. 기존의 지방세 3%는 없어지고 기업소득세는 25%로 단일화했다. 이것을 2008년부터 단번에 적용하는 것은 아니고 5년에 걸쳐 점진적으로 조정할 예정이다.

외자기업이 누릴 수 있는 또 다른 특전이 있는데 그것은 중고설비나 자동차를 수입할 수 있다는 것이다. 중국 정부는 중고기계, 전기설비, 자동차의 수입을 원칙적으로 금지하지만 외상투자기업의 자체사용에 한해서 일부 인정하고 있다. 이를 이용하여 일부 외상투자기

159

업들은 카리브해에 있는 조세회피지역(Tax Heaven)인 버진 제도에 페이퍼 컴퍼니를 설립한 후, 이를 경유하여 중국에 있는 외자기업으로 중고기계설비, 전기설비, 승용차를 수입한 뒤, 5년이 경과하면 합법적으로 매각처분하는 경우도 있다.

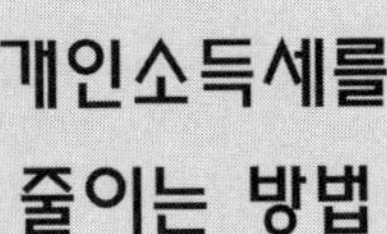

2004년도 3월 중국 국가세무총국에서는 같은 해 6월까지 과거 신고하지 않은 개인소득세에 대하여 수정신고를 받았다. 위 기간 동안 성실 신고한 외국인에게는 벌금, 중가산세를 적용하지 않는다고 발표하였으며, 7월 이후 적발되는 건에 대하여는 5배의 벌금을 징수할 것이라고 엄포를 놓았다. 그만큼 개인소득세를 포탈하는 사람이 많다는 이야기다. 세계에서 인구가 가장 많고 치부에 능한 거상들이 수두룩하게 널려있는 중국이란 나라에서 세금징수가 원활하게 이루어지지 않는 것은 어쩌면 당연한 일인지도 모른다.

나는 모든 급여를 중국 현지 합작회사에서 받았다. 기본급, 해외근무수당, 제 수당, 상여금 등 모든 소득을 현지에서 다 받으니 합작사의 부담이 이만저만 큰 것이 아니었다. 더구나 근로소득세까지 합작사에서 지불하도록 규정되어 있어 중국측 투자자는 이 문제에 대해 항상 불만스러움을 감추지 못했었다. 합작사가 설립된 지 4년이 다 되어갈 즈음, 중국측은 합작사의 부담을 덜기 위하여 급여를 수령하는 개인이 개인소득세를 직접 납부하라고 강력하게 주장하여 관철시켜 버렸다. 중국인 직원들은 한 달에 기껏해야 1,000위안 정도의 월급을 받아 가는데 외국인 근무자들은 중국인보다 몇십 배에 해당하는 급여를 수령하면서도 소득세까지 회사에서 지불하도록 하니, 중국인 직원들의 위화감과 불신의 골이 깊어가는 것을 더 이상 방치할 수 없기 때문이기도 했다.

소득세를 개인이 부담하는 것으로 결정되고 나자 이번에는 나를 비롯한 한국인 근무자들의 불만이 커졌다. 중국 근로소득세는 외국인 소득 수준의 경우 20~25퍼센트에 달하는 매우 과중한 세율이 적용된다. 세금을 떼고 나면 한국에서 근무할 때와 소득 차이가 얼마 나지 않아 모두들 차라리 다시 한국으로 들어가는 것이 낫겠다며 볼멘소리들을 했다. 그래서 어느 날 저녁, 평소에 잘 알고 지내던 그 지역 세무국 간부를 불러내어 저간의 사정을 이야기했더니 "뭐 그런 것 가지고 고민하냐"며 자기가 잘 처리하겠다고 호언장담하는 것이 아닌가. 결국 나는 그에게 일정액(물론 원 세금보다 훨씬 적은 금액)을 지불하는 것으로 1년치 개인소득세를 완납할 수 있었다. 그렇게 하고나니 더 이상 합작사 내에서 중국인들로부터 소득세 문제 때문에 눈총 받을 일도 없어 아주 홀가분한 느낌마저 들었다. 중국 투자자와 합작사업을 하면서 가장 문제되는 것은 역시 외국인의 많은 급여와 이에 해당하는 근로소득세 문제이다. 파견 직원의 급여와 소득세에 대한 불만이 회사 내에 팽배해 있다면 과감하게 개인이 부담하도록 조치하고 세무국에 꾸안시가 있는 사람을 통하면 의외로 쉽게 처리가 가능하다. 그렇지 않다면 가능한 중국에서의 소득을 작게 만들어 누진세 부담을 줄이는 방법도 사용해볼 만하다. 급여나 모든 수당은 한국에서 지불하고 중국에서는 연간 1,000만원 이하의 상여금 부분만 지불하도록 해두면 절세 효과가 상당하다. 또한 급여의 일정 부분을 주택 임대료, 식비, 세탁비, 교육비, 자녀 교육비, 이주비용 등 비과세 급여 항목으로 처리하면 개인소득세를 줄일 수 있다.

중국의 관계법상, 사업허가증에는 현지법인이나 현지사무소의 총경리, 부총경리, 사무소장을 기재하게 되어 있는데 실제로 한국인이 이런 직위를 맡으면서 현지에 부임하지 않는 경우가 더러 있다. 이런 경우에는 사업허가증상에 '비거주, 비상근'이라고 기재하면 된다. 중국개인소득세법 실시세칙 제7조에 의하면 "중국 내 거주기간이 연간 누계일수가 90일을 초과하지 않는 외국인은 개인소득세의 납세를 면제한다"라고 되어 있다. 따라서 이런 법률조항을 꼼꼼히 확인하고 합작사나 사무소를 운영한다면 적지 않은 경비를 절약할 수 있을 것이다.

인사 관리

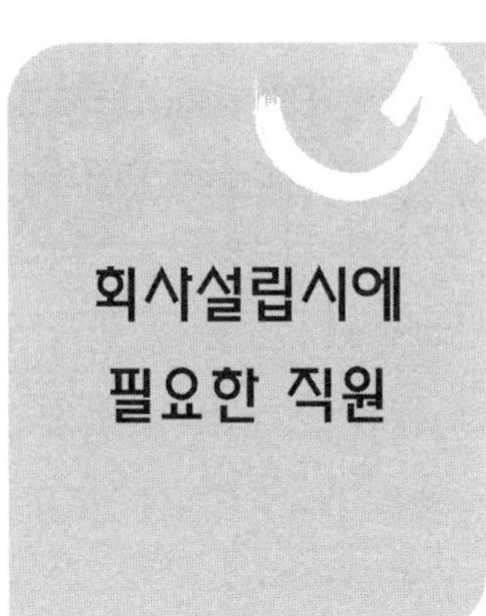

회사설립시에
필요한 직원

중국에서 외자기업을 설립하게 되면 우선 최소한 다음과 같은 직원을 선발하여 회사를 운영해 나가야 한다.

① 총경리

② 부총경리

③ 재무관리 담당자 (회계자격증 소유자)

④ 운전사

⑤ 통역

이상은 최소한의 인원이며 사업의 종류 및 특성에 따라 다른 분야의 직원을 초창기부터 고용할 수도 있다. 외상투자기업이 아닌 중국 현지 연락사업소를 운영하는 경우에는 최소 1인으로 개설이 가능하다.

직원을 채용할 때에는 해당지역 노동국에 의뢰하여 선발할 수도 있고, 개별적으로 아는 사람들을 통하여 소개받고 채용할 수도 있다. 물론 정식 광고를 통하여 공개 채용할 수도 있다.

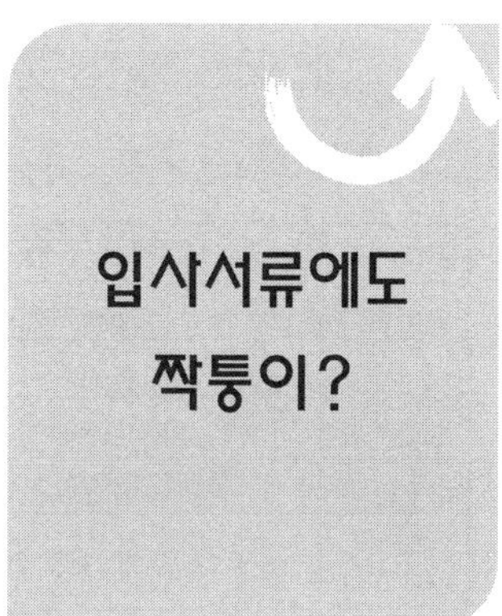

직원 모집공고를 내고 지원자들의 입사서류를 접
수하더라도 그것을 100퍼센트 믿으면 안 된다. 중국은 아직까지 소위
말하는 '짝퉁'이 범람하는 나라여서 북경대, 청화대, 상해교통대 등
일류대학 졸업장도 350위안(약 50,000원)이면 진위여부를 구별할 수
없을 정도로 정교하게 모조품을 만들어 준다. 따라서 직원을 채용할
때는 면접과 간단한 필기시험 및 실무시험을 통해 기본적인 실력을
꼭 측정해야 한다.

전문지식을 요하는 직책은 관련 전문지식시험, 경험의 청취 등을
통하여 채용하고 간부직원을 모집할 때는 반드시 총경리가 직접 면
접하여 자질을 확인하도록 한다. 또한 합격자들은 반드시 건강진단
을 받도록 한다. 중국인들 중에는 B형 간염이나 기타 전염성 질환을
앓고 있는 사람이 더러 있기 때문에 신체검사는 필수적이다.

重庆广播电视大学毕业基本情况表

姓　名	杨建	性　别	男	民　族	汉	
出生年月	1982.10.4	政治面貌	团员	健康状况	健康	
院　系	重庆广播电视大学		毕业时间		2003 年 8 月	
专业名称	计算机应用与维护		辅修专业		电子商务	
学　制	三　年	培养方式	脱　产	学　历	大　专	
入学前户口所在地	重庆 合川市 云门派出所					
家庭详细地　址	重庆合川市团房村四社					
大学担任学生干部及任职时间	1999-2001 年任副班长 2001-2002 年任团小组长		是否为学校推荐的主要干部	是学校推荐的班干部 推荐人签字 李镕刚		
兴趣爱好特　长	看文学类书籍、计算机					
做过何种临时工作	参加过学校组织对有关单位进行 INTERNET、NOVELL 网安装和计算维修的实践活动。					
语言能力	第一外语　　英语　　　外语水平　　二　级					
	第二外语　　　　　　　外语水平　　　　级					
	普通话及其它语言　　（ ）良好　　（√）一般　　（ ）不会					
计算机能　力	熟练掌握 WPS、office、FIRWORKS、win9X，并获职业资格高级等级证书。					
其他能力	具有较强的组织能力与沟通协调能力					

○ 중국의 입사서류 양식

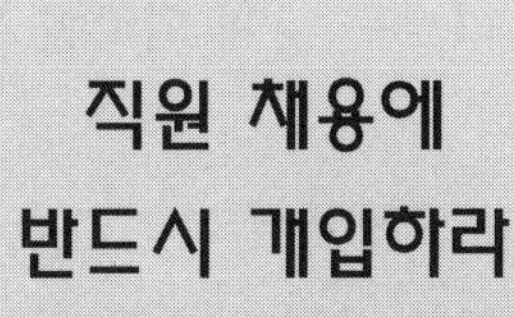

직원 채용에
반드시 개입하라

합작(합자)회사의 경우, 경영권이 투자자 어느 측에 있느냐에 따라 직원모집 권한의 향방도 달라진다. 예컨대 경영권이 중국측에 있는 경우 인사권 역시 중국측에 있으므로 신입·경력사원 모집에 대한 채용권한은 중국측이 쥐게 된다. 반대로 외국측이 경영권을 가지고 있는 경우라면 직원 채용에 대한 권한은 외국측이 가지게 된다. 하지만 인사권을 쥐고 있는 외국측이라도 가끔 중국측에게 직원 채용을 일임하는 경우가 있다. 중국 사정에 어두운 외국인의 입장에서는 사람을 잘못 채용하여 회사 발전에 악영향을 미치지나 않을까 하는 염려를 쉽게 떨쳐버릴 수가 없기 때문이다.

그러나 이것은 하나만 알고 둘은 모르는 사람들이 저지르기 쉬운 실수이다. 직원 채용 권한을 중국측에 일임한다는 것이 얼마나 위험한지는 중국에 경험 많은 기업가들이라면 누구나 알고 있다. 중국사회란 원래 '꾸안시'라는 인간관계의 틀로 끈끈이 연결되어 있으므로, 만약 중국측 파트너에게 직원 채용 권한을 일임한다면 합작(합자)회사는 중국측 파트너의 사람들로 가득 차 버린다. 이런 경우 제아무리 경영권을 쥐고 있다고 하더라도 직원들이 중국인 간부 명령에만 따르는 탓에 외국인 투자자들은 자연스럽게 회사에서 밀려나게 된다.

나의 첫 번째 파견근무 시절, 중국인 부총경리가 두툼한 명단을 하나 들고 한국인 총경리를 찾아 왔다. 그것은 우리 회사 직원을 더 충원하기 위한 신입·경력사원 후보자 명단이었다. 우리나라의 경우 직원 채용을 할 때 시험을 통한 공개채용을 한다는 것은 일반적인 상식이다. 중국도 공개채용이 없는 것은 아니지만 인맥을 통하여 입사하는 경우에 비한다면 그 비율은 매우 미미하다. 일반 단순 기능을 필요로 하는 경우 관할 노동국을 통하여 직원을 채용할 수도 있지만 우리 합작회사의 경우 전문 기술을 요하는데다가 고임금이고 좋은 직장 축에 속하기 때문에 노동국을 통하여 사원 모집을 하기가 어려웠다. 게다가 무슨 이유에서인지 중국측 투자자는 노동국을 통하여 직원을 채용하는 것을 강력하게 반대하고 있었다.

중국인 부총경리가 가지고 온 명단에는 수많은 입사 대상자들의 이름이 올라가 있었다. 부총경리는 총경리에게 "참고 자료니까 자세한 검토는 나중에 하시고 서류 밑에 받았다는 뜻으로 사인이나 해 주십시오"라고 채근하여 사인을 받아내고서야 자리를 떠났다.

그런데 아무리 명단을 뒤적거려 봐도 총경리는 마음에 드는 사람을 발견할 수 없었다. 발전소 경험이 있는 사람들이 극히 적었을 뿐만 아니라 부총경리가 유경험자라고 말한 사람들도 자세히 보니 죄다 단순 기능공들이라서, 후보자 명단에서는 일부만 뽑고 나머지는 시험을 통해 공개 채용해야겠다고 생각했다. 그렇지만 일단 합작회사 밖에 비상근으로 있으며 합작회사의 법적 대표인 중국인 동사장(이사장)을 맡고 있는 '시개발구 관리위원회' 국장에게 전화를 해서 조언을 구했다. 그랬더니 동사장은 "그건 총경리가 중국 사정에 대하여 잘 몰라서 그런 것이오. 원래 중국에서 공개채용이란 상당히 어려운 일이오. 신문에 광고하여 직원을 뽑는다고 하면 이 지방에서 그 광고를 보고 몇 명이나 발전소에 걸맞은 인재들이 찾아올 것 같소? 아마 그렇게 하면 광고비만 날리게 될 것이오"라고 충고했다. 사실 중국인 동사장의 이야기가 틀린 것만은 아니다. 중국이란 나라는 워낙 땅덩이가 크기 때문에 전국적으로 광고를 내기가 어려울뿐더러 남방이나 동북에 있는 인재들이 그 근처의 발전소로 갔으면 갔지 멀리 떨어진 하북성까지 찾아올 리 만무하기 때문이다.

한국인 총경리는 직원 채용에 대한 인사권은 자신에게 있는 만큼 자기가 직접 나서 직원들을 뽑아보겠다는 뜻을 버리지 않았다. 하지만 그는 급한 출장을 앞두고 있었기 때문에 일단 한국에 다녀온 다음, 모집공고를 내서 능력 있는 사람을 찾아볼 생각이었다. 총경리가 한국으로 간 다음날, 내가 현장과 사무실을 왔다 갔다 하면서 분주하게 일을 보고 있는데 수많은 젊은이들이 회사로 들어오는 것이었다. 무슨 일인지 궁금하여 여기저기 물어보러 다니다가 중국인 부총경리의 측근과 대화를 나누게 되었는데, "이번 신입사원모집에 응하여 부총경리님에게 면접 보러 오는 사람들이에요. 총경리님이 직원 뽑으라고 직접 사인까지 했다는 것 같은데요?"라는 것이다. 나는 너무나 놀랐다. 분명히 한국인 총경리가 인사·재무권을 쥐고 있는데 중국인 부총경리가 나서서 직원 채용 면접을 본다는 것은 말도 안 되는 소리였기 때문이다. 나는 얼른 한국인 총경리에게 이 사실을 알렸다. 총경리는 몹시 화가 나 일정을 당겨 부랴부랴 중국으로 돌아왔다.

총경리는 중국인 부총경리를 불러 "당신 왜 내 허락 없이 마음대로 입사면접을 본 것이오?'하고 물었다. 중국인 부총경리는 문서에 조그맣게 적혀 있는 '입사 후보자들의 면접을 즉각 실시한다'는 항목을 그제야 총경리에게 지적해 주면서 총경리가 서명을 했기 때문에 피곤함도 무릅쓰고 수많은 인원들을 직접 한 사람씩 면접하였다는 식으로 발뺌했다.

총경리는 이 일을 어떻게 처리할 것인지 차차 생각해 보기로 하고 우선 내게 이 일의 자초지종에 대해 알아내라는 특명을 내렸다. 나는 사내 정보에 빠르며 부총경리하고는 사이가 그다지 좋지 않은 중국인 간부 한 사람을 통해 좀더 자세한 이야기를 들을 수 있었다. 그는 면접을 본 사람들 대다수가 중국인 동사장이 아는 사람들의 자제이거나 부총경리가 아는 사람들이라고 했다. 그리고 중국인들의 관례로 봐서 필시 한 사람당 적어도 1만 위안 많게는 2만 위안을 상납하고 들어온다는 것이었다. 나는 그제야 왜 부총경리가 직원 채용에 그토록 혈안이 되어 있었는지 이해가 되었다. 대충 계산하여 한 사람 당 1만 위안만 낸다 하더라도 도합 200만 위안(약 3억원)이라는 엄청난 돈이다. 이 돈이 다 중국인 동사장과 부총경리 개인의 호주머니로 들어가게 되는 셈이니, 이 좋은 돈벌이를 그냥 눈뜨고 한국 사람에게 넘겨줄 리가 없었던 것이다. 그뿐인가. 합작회사 직원의 대다수가 자기 사람이 되면 회사를 자신들의 손아귀에 넣고 마음대로 좌지우지할 수도 있잖은가. 정말 중국인들의 '내 사람만 쓴다'는 개념은 우리들의 상상을 초월한다고 할 수밖에.

중국에서 합작회사를 운영하면서 똑똑한 인재를 뽑는다는 것은 정말 어려운 일이다. 중국 사회와 중국인에 대한 안목이 짧은 외국인으로서는 제대로 된 인재 선발에 난항을 겪을 수밖에 없다. 그렇다고 직원 채용을 중국측 파트너에게 일임한다는 것은 앞서의 사건에서와 같이 고양이에게 생선을 맡기는 격이기 쉽다. 그러므로 직원 채용 권한을 한국측이 보유하고 있다면 채용할 직원과의 이해관계가 없는 중국인 간부의 조언을 받아가며 직접 인재채용에 나서는 것이 가장 나은 방법이 될 것이다.

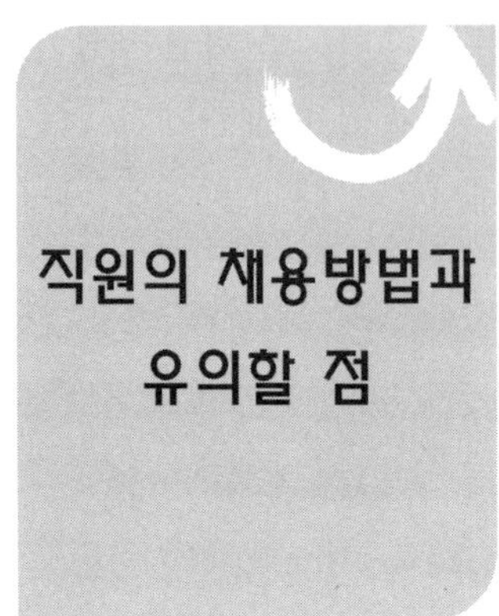

중국에서의 직원 모집은 일반적으로 다음의 세 가지 방법으로 요약할 수 있다.

① 인맥을 통한 직원 모집

② 광고를 통한 직원 모집

③ 노동국을 통한 직원 모집

중국 사회에서 어느 회사를 막론하고 가장 많이 사용하는 직원 모집 수단은 첫 번째 방법인, 인맥을 통한 직원의 모집이다. 중국에서도 공채시험을 통하여 입사하는 경우가 없는 것은 아니나, 전체 비율로 놓고 보자면 아주 미미한 숫자에 불과하다. 우리 합작회사의 경우도 공채 시험을 통하여 입사한 사람은 불과 20여 명 정도밖에 되지 않는다. 이는 정상 운영 개시 이후의 전체인원(250명)의 10퍼센트 미만으로, 그나마 한국인 총경리가 운영을 준비하는 과정에서 '한국식의 공정한 공채시험을 통한 인재 채용방법을 시행한다'라는 기치하에 강력히 밀어붙여서 성사되었던 것이었기 때문에, 이후로는 한 번도 제대로 시행이 된 적이 없다. 중국의 전통적인 관습을 극복하기가 그만큼 어려웠다.

우리나라 사람들로서는 이해하기 힘든 부분이지만 중국 사회에서 인맥중심의 인간관계, 즉 꾸안시는 공정한 시험을 통하여 인재를 선발하는 것보다 더 중요하다. 거기에는 크게 보아 두 가지 이유가 있다.

첫째, 아는 사람을 선발함으로써 조직 장악력을 제고할 수 있다. 중국인들은 원래 단체적인 행동보다는 개개인의 배금주의 사상에 의해 모든 일의 향방이 결정된다. 만약 회사의 최고 지도자와 아무런 인연이 없는 유능한 사람이 공채시험을 통하여 선발되었다고 하자. 이런 사람은 회사가 운영이 잘 될 때에는 아무런 표시가 안 나지만 회사가 경영이 부실해지거나 어려운 문제에 봉착하면 즉각 조직을 배반하든지, 아니면 자신의 이익을 위하여 홀연히 다른 회사로 옮길 확률이 무척 높다. 이런 일을 미연에 방지하는 차원에서라도 연고가 없는 사람들은 애초에 뽑지 않는다.

둘째로 외지 사람을 데려다 쓰기 위해서는 호구(전출입신고 및 주민등록증에 해당)를 해결해주어야 한다. 중국엔 워낙 인구가 많기 때문에 정부에서 인구 유동을 엄격하게 통제하고 있다. 그렇지 않으면 낙후된 지역에 사는 수많은 사람들이 경제가 발전한 동부해안의 몇몇 도시로 물밀듯이 밀려들어올 것이 뻔하다. 바로 이러한 도시 인구 유입을 막는 제도적 장치가 바로 '호구(戶口)'이다. 만약 우리 합작회사에서 전국적으로 사원모집광고를 실시하여 타 지역에 사는 아주 유능한 인재를 선발하였다고 하자. 외지에서 선발된 사람들이 정상적으로 근무를 할 수 있으려면 그들의 호구를 본 지역 호구로 바꾸어 주어야하는데, 이 일이 만만치가 않다. 간단하게 진황도의 예를 들어

보겠다. 1년에 진황도 시에서 호구를 얻을 수 있는 사람의 수는 10명 정도 된다. 이를 발급 받으려는 기업과 개인의 숫자에 비한다면 턱없이 모자란다. 자격 요건이 까다로우므로 신청을 하여 선발되기도 어렵지만 선발된다 하더라도 문제가 전부 해결되는 것은 아니다. 보통 1인당 10,000~20,000위안 정도의 처리비가 들어가며, 경쟁이 아주 치열한 북경의 경우 10만 위안 정도가 소요된다. 물론 중국 외자기업법상에는 해외투자비 중 50만 달러당 한 사람의 외부 초빙 인재의 호구를 처리해 줄 수 있도록 규정되어 있으나, 이 법조항은 거의 유명무실한 것이나 다름이 없다. 적법하게 신청을 하여도 회신을 주지 않고 계속 '검토 중'이라고 대답하기가 일쑤다.

중국에서 합작 · 합자사업 진행시 직원 모집은 매우 어려운 업무 중의 하나이다. 사원 모집 광고를 내어 공채를 실시하자니 그 지방에서의 우수한 인력의 수가 절대부족인 경우가 많고 타 지역에서 초빙하여 오자니 호구와 주택 문제를 해결해 주어야 하는 난점과 부딪히게 된다. 그렇다고 인맥을 통하여 직원 모집을 하면 대체적으로 평균 이상 수준의 직원을 선발할 수는 있지만 합작회사라는 특성상 중국인 투자자와의 헤게모니 투쟁에서 불리한 입장에 놓일 위험성이 도사리고 있다. 결국 직원 채용시에는 이러한 여러 가지 모집방안에서 절충안을 찾는 수밖에 없다. 기능직이라든지 단순 근로자들은 꾸안시를 통하여 선발할 수 있도록 권한을 일부 나눠주는 대신 주요 기술자, 담당자, 간부만은 반드시 공채를 통하여 입사하도록 유도하면 운영의 묘를 살릴 수 있으리라.

급여 책정은
한국 방식대로
하라

합작 회사 설립 후 직원모집만큼 중요한 업무는 바로 각 직원에 대한 급여 책정이다. 우리 합작회사에서는 급여 책정과 제반 규정을 제정할 때 한국 파견자들이 주도적인 역할을 맡았다. 한국 본사의 형식을 빌려 학력, 경력에 따라 각 개인의 급여를 책정하고 직책에 따라 수당에 차등을 두었다. 우리 회사의 계약서에는 중외합작기업법에 근거하여 "합작회사에서는 중국 내 동종기업의 120~150퍼센트에 해당하는 임금을 지불한다"라는 조항이 있었는데 합작회사 채용 직원들의 임금을 책정할 당시 이 문구의 해석에 의견이 분분했다. 그것은 한국측이 '동종기업'이란 합작회사가 있는 해당 도시 개발구에 위치한 동종합작기업의 임금 수준임을 주장한 데 비해 중국측은 해당 시의 기존 발전소 임금기준을 근거로 한다고 하는 이견을 내세웠기 때문이다. 중국 측에서 주장하는 '기존 발전소'의 임금 수준은 당시 중국의 어떤 기업보다도 높았다. 그도 그럴 것이 기존 발전소는 완공한 지 무려 10여 년이 지나, 많은 이익의 창출이 가능한데다가 발전 규모도 우리 합작사의 무려 50배에 달했다. 그런 발전소의 당시 임금 기준을 우리 합작사 임금 기준의 모델로 삼는다는 것은 한 마디로 난센스에 가까웠다. 아무런 이익도 발생하지 않는 상태에서 그 지역에 있는 기업 중 최고의 이익을 내는 발전소와 비교한다는 것은 어폐가 있다. 우리 측의 주장은 개발구에서 합작회사를 운영하고 있던 기존 한국기업체 — 예컨대 LG, 한라, 한성기업 등 — 의 임금 수준을 조사하여 그들 급여의 120~150퍼센트를 주겠다는 것이었다. 이들 한국기업들의 임금수준은 분명히 다른 중국기업체들보다 높았고, 우리의 주장은 결코 억지라고 보기 힘들었다. 몇 차례의 길고 지루한 협의 끝에 결국 중국측은 우리의 요구를 수용했지만, 그 과정에서 보인 중국측의 태도가 아주 괘씸했던 것만은 부정할 수 없는 사실이다.

초창기 급여를 책정할 때는 대략 다음과 같은 원칙을 정한 뒤에, 한 사람씩 급여에 관한 협상을 진행하고 당사자의 동의를 얻어 노동계약서에 서명하는 방식을 채택하면 무난하다고 본다.

〈급여 협상의 원칙〉
① 과거 경력은 다음과 같이 인정한다.
  — 완전 동종업종 경력 100퍼센트
  — 유사업종, 군복무, 석사, 박사과정 50퍼센트
② 기술직, 사무직의 구분을 둔다.
③ 직급별로 급여의 차등제를 실시한다.
④ 최종학력별 급여의 차등제를 실시한다.
⑤ 인근에 위치한 기타 중국(또는 한국)계 기업 임금수준의 120퍼센트를 지급한다.
우리의 경우 위 원칙에 따라 기본 급여와 직책수당을 정하고 나서

각 개인과의 면담을 통해 최종급여를 결정하고 고용노동계약서(유효기간 1년)를 체결하였다.

참고로 노동계약서는 1년, 3년, 5년으로 구분되어 있으나 유효기간 1년짜리 계약을 매년 새롭게 갱신하는 것이 직원 통솔에 유리하다. 더러 노동국에서 이의를 제기하는 경우가 있으나, 미리 노동국과 친해 놓거나 1년 계약으로 해야만 하는 명분을 만들어 놓으면 된다. 다만 중국노동법 제20조에 의거, 근속 10년 이상의 직원은 희망하는 경우에 한하여 무기한의 노동계약을 체결할 수 있으므로 유념해두기 바란다. 또한 2008년부터 발효된 신노동계약법에 의거, 기업에서 채용하는 노동자는 반드시 노동계약을 체결하여야 하고, 1년 계약을 체결한 후, 1년 기간이 도래하였는데 기업에서 재계약을 하지 않고 있으면, 그 노동자는 자동적으로 기업과 무기한 노동계약을 체결한 것으로 처리하니 유의해야 할 것이다.

개별임금협상을 진행할 때에는 한국인 파견자 1인, 중국인 관련 간부 1인, 통역 1인이 배석하여 면담을 진행한 후 최종적으로 총경리에게 보고, 동의 결재를 받은 후 발효하면 된다.

우리 합작회사의 경우, 협상과정에서 대다수의 직원들은 전 직장에 비하여 급여 수준이 올라갔으므로 만족스러워하였으나, 소수의 몇몇 직원들이 고의로 한국인 파견자의 높은 임금수준을 들먹이며 중국인들의 급여를 대폭 인상하라고 시위를 벌이는 사건이 일어났다. 이들은 대부분 이전에 개발구 관리위원회에서 일하던 직원(준공무원)들로 모종의 루트를 통하여 사전에 한국인들의 임금수준을 파악하고 있었으며 그들의 시위로 인해 직원들 사이에 약간의 동요가 일기도 했다. 이처럼 중국 직원 중 한국인 파견자의 높은 임금을 내세워 임금인상을 주장하는 자가 있으면 단호히 대처해야 한다. 사실 중국 직원들이 말은 하지 않지만 한국인과 중국인 간의 임금 차이에 대하여 속으로 조금씩은 불만을 가지고 있는 까닭에 그대로 방치할 경우에는 회사 전체적으로 큰 문젯거리로 비화될 수 있기 때문이다.

중국 회사의 급여규정은 한국의 규정과 사뭇 다르며 학력과 경력을 인정하지 않고, 직위별 수당보다는 각 보직별 직책 수당에 차등을 많이 둔다는 점에서 아주 큰 차이가 있다. 이것은 공산주의 사상이 투철한 중국인 간부가 있는 회사에서 더욱 두드러지는 현상이다. 일례로 우리 합작회사에는 쑨밍린과 양쉬쥔이라는 직원이 있었다. 쑨밍린은 북경이공대학을 졸업하고 연산대학교 대학원까지 마친 수재였고, 양쉬쥔은 하북성 진황도 푸닝현 중학교를 졸업한 것이 학력의 전부인 열성적인 공산당원이었다. 쑨밍린과 양쉬쥔은 우리 합작회사에 들어오기 전에 둘 다 인근에 있는 동력공사에서 근무했는데, 쑨밍린은 부총경리를 맡았고 양쉬쥔은 일개 보일러 수리공이었다. 그러다 우리 회사로 옮겨 오면서 처음에는 원래의 경력을 인정받아 쑨밍린이 양쉬진보다 나은 급여를 받았지만, 공산주의 사상에 투철한 중국인 부총경리가 나중에 합작회사의 급여 및 직제규정을 중국식으로 바꾸고 양쉬쥔을 유지보수부 부장으로, 쑨밍린을 과장으로 각각 발령을 내면서 상황은 정반대가 되었다. 쑨밍린은 지식분자로서 명령에 대한 복종 및 완수도가 양쉬쥔보다 떨어진다는 이유에서였다. 실제로 중학교 졸업이 학력의 전부인 양쉬쥔은 부장이 되고 난 뒤에는 정말 목숨을 걸고 충성한다는 것이 무엇인가를 여실히 보여 주었다. 그는 가정을 완전히 포기하고 토요일, 일요일도 없이 부총경리의 명령에 따라 일하였으며, 그렇게 절대 복종하는 대가로 쑨밍린보다 월급을 2배나 더 받아 갔다.

이렇게 중국식 급여규정을 적용하니 학력과 경력을 무시한 1인 절대복종체제가 더욱 공고히 되었으며, 중국직원들 사이에 동일 직급이라도 급여가 높은 보직을 받기 위하여 중국인 간부에게 아부하거나 절대 복종하려는 현상이 두드러졌다. 경력이 쌓이면 진급을 한다는 기대감이 사라짐에 따라 개인적인 능력 배양 의욕 또한 현저히 떨어지게 되었다. 이처럼 중국식 급여 규정이란 소위 말하는 공산주의 사상을 근저로 중국인들의 조직 장악술이 상당히 가미된 방법이라 말할 수 있다. 이러한 폐단을 없애고 제대로 된 근무 분위기와 진취적인 업무창달을 원한다면 공정하고 객관적인 급여규정을 모태로 삼아 합리적인 임금 수준에 다다를 수 있도록 노력을 기울여야 할 것이다.

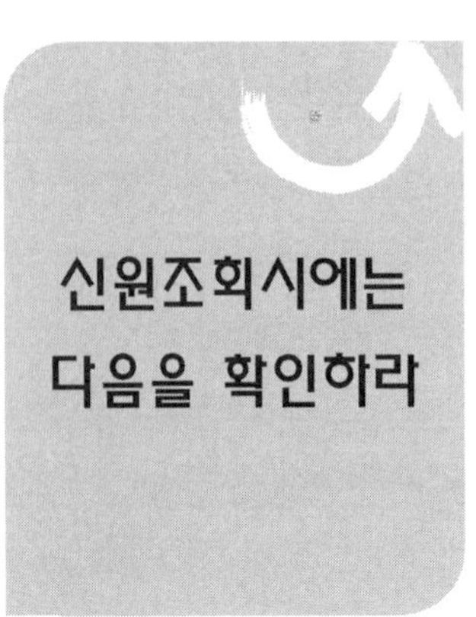

첫째, 신분증과 주민호구가 본인 것인지 확인하라. 특히 재무경리 담당자나 중요한 업무를 담당하는 직원의 경우, 반드시 신분증과 호구를 확인하여야 한다. 이는 담당자의 실무 경험이나 실력의 유무를 따지기 이전에 요구해야 하는 사항이다. 해당지역 호구가 있는지 여하에 따라 신분상의 확실성이 달라지는 것은 말할 필요도 없다. 해당 지역 호구를 보유하지 못하였지만 업무에 있어 반드시 필요한 인재라면 관계 기관에 호구 발급을 요구하는 방법도 생각해 볼 수 있다. 그러나 해당지역 호구가 없는 경우, 신규로 이를 발급받기 위해서는 회사에서 많은 시간과 돈을 할애해야 하므로 심사숙고해야 한다. 아예 호구가 없는 사람도 있는데 이런 직원은 신원이 아주 불분명한 떠돌이이므로 가차없이 면직하여야 한다. 중국에서는 위조 대학 졸업증명서 및 분실된 신분증, 간부증들이 암암리에 거래되기 때문에 이러한 신분증과 호구확인은 신원조회의 기본이라 할 수 있다.

둘째, ‘공작증(工作証)’을 수거하라.

중국의 도시 노동자는 반드시 노동국에서 발행하는 공작증이라는 것을 소지하여야 한다. 회사에 재직시에는 이 공작증을 회사에서 보관하고 실업상태일 경우 개인이 보관하게 되어 있다. 따라서 회사에 입사한 직원들에게는 반드시 공작증 제출을 요구하여야 한다. 중국은 실업자에게 실업보험을 지급한다. 실업보험을 받으려는 사람은 관할 노동국에 공작증만 제출하면 된다. 이를 악용하여 취업이 되어 있는 상태임에도 불구하고 ‘먼저 직장에서 공작증을 아직 돌려주지 않았다’는 핑계를 대고 재직 중에 실업보험을 타 먹는 사람들이 있다. 따라서 회사에서는 직원을 채용하고 난 후에는 바로 공작증 제출을 요구하고, ‘먼저 직장에서 공작증을 아직 돌려주지 않았다’라고 하는 직원들에게는 전 직장의 ‘사직증명서’를 제출하게 한다.

셋째, 한국으로 빠져나갈 목적으로 입사한 것이 아닌지 확인하라.

우리 합작사 직원 중에 배주성이라는 조선족이 있었다. 이 친구는 4년제 대학까지 졸업한 재원이었지만 근무태도가 너무 불량했다. 한국인 총경리가 불성실한 근무태도를 이유로 그를 해고시키려 하자, 배주성은 이를 눈치 채고 한동안 합작회사 건설현장의 현장감독의 비위를 맞추면서 졸졸 따라 다니는 것으로 근근이 직장을 유지하고 있었다. 그러던 어느 날, 그는 출처가 불분명한 돈으로 회사 근처에 신축 아파트를 한 채 사더니 바로 회사를 그만두고 한국으로 가버렸다. 나중에 알고 보니, 배주성의 부모는 모두 한국에 불법체류하면서 꽤 많은 돈을 벌었다고 한다. 그래서 그는 우리 합작회사에 입사해놓고 기업연수를 통해 한국으로 들어갈 방법만을 궁리하고 있었던 것이다. 그가 아파트를 사는 데 쓴 돈의 출처에 대한 의문은 의외로 쉽게 풀렸지만 그가 어떻게 한국으로 들어갔는지는 아직도 수수께끼다. 분명한 것은 그가 한국으로 들어갈 목적으로 우리 합작회사에 근무하는 동안 그다지 성실한 근무태도를 보인 적이 없다는 점이다. 직원 채용면접 때 이러한 결점이 발견된다면 더 바랄 나위가 없겠지만, 채용한 후에라도 조선족이든 한족이든 '한국 연수는 언제 보내주느냐?'라는 등 한국 가는 일에만 관심이 많고 일은 제대로 안 하는 직원이 있다면 그 사람은 필시 제2의 배주성이 될 가능성이 크므로 항상 유의해야 한다.

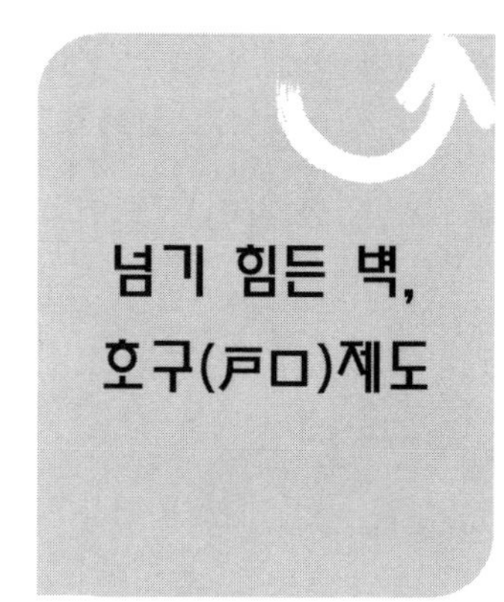

넘기 힘든 벽,
호구(戶口)제도

중국 정부는 1958년 1월부터 「호구등기관리조례(戶口登記管理條例)」를 제정하여 일괄적인 국민호구관리제를 실시하고 있다. 호구에는 거주하는 지역주소, 가족의 생년월일, 출생장소, 민족, 국적 등이 기재되어 있고 각 가정은 반드시 집안에 주민호구를 비치해 두어야 한다. 관할지 관계기관에서는 호구에 등록된 사람만을 상주인구로 인정하고 '거민신분증(居民身分證)'을 발급한다. 우리나라의 주민등록증(住民登錄證)에 해당하는 것이 바로 이 '거민신분증(居民身分證)'이다.

이러한 호구제도는 각 개인의 거주지를 관리할 목적으로 이용된다. 동 조례에 의거, 3일 이상 상주주소를 떠날 시에는 미리 관할 공안국에 등기신청을 하는 것으로 되어 있으며 타 지역의 호텔에 묵는 경우에는 호텔 숙박등기로 대체가 가능하다. 그러나 3개월 이상 상주주소를 떠나게 되면 의무적으로 상주호구를 이전등기해야 한다는 단서가 달려 있다.

중국은 역사적으로 도시(성 안)와 농촌(성 밖)의 개념이 확실한 나라다. 각종 보험이나 치안유지 등 사회 전반에 걸쳐 도시와 농촌의 구분이 확연한 차이를 보이고 있다. 특히 호구문제에 있어서는 더더욱 그러하다. 그래서 농촌호구를 소유하고 있는 사람을 도시호구로 전환하기가 무척 어려운 것이다. 우리 합작회사의 한국인 사장 비서는 조선족 여자였는데 흑룡강성 해림이라는 지역의 농촌호구를 가지고 있었다. 중국에서 외상투자기업은 투자비 총액에서 50만 달러에 직원 1명씩 호구를 옮겨줄 수 있는 권한을 가지고 있다. 그러니까 투자비가 500만 달러라면 직원 중 10명을 다른 지역에서 해당 지역으로 호구이전을 해줄 수 있다. 이는 외상투자기업이 필요한 인재를 용이하게 수급할 수 있도록 한 정책적인 배려다. 우리 합작회사의 경우도 적지 않은 직원이 합작회사가 있던 하북성 진황도 시로 호구이전을 하였다. 하지만 정작 가장 먼저 호구이전 허가가 났어야 할 사장 비서는 호구이전 허가를 도통 받을 수가 없었다. 그녀의 원래 호구가 흑룡강성 해림이라는 농촌호구였던 탓이다. 이처럼 중국에서는 도시와 농촌 간에 행정적인 구분을 엄격하게 적용하므로 외부에서 유능한 직원을 스카우트할 때는 혹시 농촌호구 보유자가 아닌지 확인해볼 필요가 있다.

상주호구부(常住戶口簿)가 가족 전체 신상이 기록되어 있는 증명서라면, 거민신분증은 개인의 기록만 기재되어 있는 개인 신분증명서에 해당한다. 거민신분증제도는 1985년 6월부터 시행되었다. 현재 새로 발행되는 거민신분증에는 위조방지를 위한 IC 카드 기술이 도입되어 있다. 개정된 거민신분증은 최초 3개 도시(상해, 심천, 강소성 소주)에서 시범적으로 적용되고 있으며 2005년에서 2008년도 사이에 전국적으로 확산되었다. 그러나 아직까지 새로운 신분증으로 바꾸지 않은 사람들이 많아 현재는 구 신분증과 동시에 사용되고 있다. 거민신분증을 보면 우리나라 주민등록증과 같이 각 개인에게 18자리의 거민신분번호를 부여하고 있다. 중국 TV의 각종 연예 프로그램을 보면 시청자들을 추첨하여 상품을 나누어 주는 프로그램이 많은데 이럴 경우 거민신분번호를 무작위로 차출하여 당첨자를 뽑곤 한다. 1984년까지 중국인들은 국내출장을 가는 경우에도 공항이나 호텔에 반드시 '단위공작증(單位工作証, 회사취업증)'과 '소개장(공무출장허가증)'을 제출하여야 했으나, 1985년 이후부터 이러한 까다로운 절차를 간소화하여 거민신분증만으로도 신분 확인이 가능해졌다.

중국에서는 공안국(경찰국)이 사전조사를 위하여 임의로 거민신분증을 압수해 갈 수도 있다. 외국인인 경우, 거민신분증이 없으므로 외국인거류증이나 여권을 압수한다.

한번은 한밤중에 누가 집 대문을 세차게 두드리기에 잠에서 깨어 인터폰을 들어보니 공안국에서 신분증을 확인하러 왔다는 것이다. 잠결에 '대체 무슨 일이 생겼나?'하고 깜짝 놀라 거류증과 여권을 가져다 내밀었더니 그 공안국 사람이 묻지도 않고 덜컥 신분증을 가지고 가버리는 게 아닌가. 하도 어이가 없어 다음날 평소 공안국과 잘 통하는 우리 회사 중국인 직원과 함께 공안국을 찾았는데 알고 보니 전날 밤 우리가족이 살던 아파트 단지의 어떤 이가 술집 여자를 불러 들였다는 제보가 들어와 같은 동에 살고 있는 주민들 신분증을 몽땅 거둬갔다지 뭔가. 중국에서 매춘 행위는 불법이며 특히 단속기간에 제보에 의하여 적발되는 경우가 상당히 많다. 결국 며칠이 지난 뒤에 여권과 외국인거류증을 다시 찾아 왔지만 참으로 황당한 경험이 아닐 수 없다.

어쨌든 믿을 만한 직원을 채용하기 위해서는 거민신분증과 본인을 확실히 대조, 확인할 필요가 있다. 그렇다고 신규 채용사원의 신원을 보증받으려는 의도로 거민신분증을 마치 공안국에서 압수하는 것처럼 회사에서 보관해서는 안 된다. 이러한 행위는 법에 저촉되기 때문에 또 다른 말썽의 소지가 될 수도 있다. 반드시 다른 방도의 신분보장대책을 강구해야 할 것이다.

Chapter 09

노무 관리

- 문제가 있는 직원은 즉시 해고하라
- 중국기업에도 노동조합이 있다

- 각종 보험료를 지급하지 않는 것은 위법행위이다
- 사규 위반시에는 벌금을 부과하라

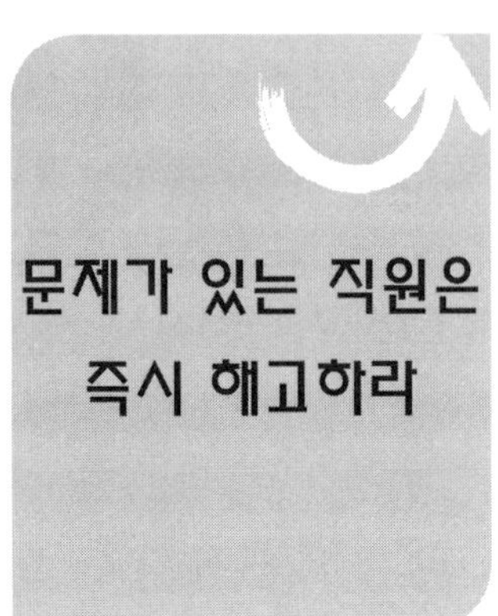

문제가 있는 직원은
즉시 해고하라

나는 중국 합작회사에서 근무할 때 중국인 직원들과 똑같이 야간 당직근무를 서곤 했다. 이것은 그들과 동고동락을 한다는 이미지를 심어주기 위한 조처였고, 실제 내가 야간 당직을 같이 선다는 사실이 알려지자 합작회사의 중국인 직원들이 한국인을 대하는 태도에도 변화가 생겼다. 단합이라는 측면에서 단단히 효과를 본 셈이다.

한번은 내가 당직을 서던 날이었다. 나는 보통 밤 12시 정도에 발전소 현장순찰에 나선다. 3만평 규모의 발전소를 한 바퀴 돌려면 대략 1시간 정도가 걸린다. 이 날도 나는 천천히 주요한 시설부분을 둘러보고 나서 마지막으로 석탄 이송 컨베이어시설을 점검하러 이동하고 있던 참이었다. 그런데 석탄 이송 컨베이어 건물 앞에 야간 교대근무를 나온 석탄 운송반 직원이 초조해하는 걸음걸이로 왔다 갔다 하고 있었다. 평소 안면이 있던 그 직원에게 나는 "이 늦은 밤에 사무실에 있지 왜 나와 있어? 석탄반에 무슨 일이라도 생겼나?" 하고 물었다.

그러자 그 친구는 깜짝 놀라며 "아, 아니에요." 하더니 총총걸음으로 사라졌다. 그 다음 날, 우리 합작회사에 난데없이 공안들이 대거 들이닥쳤다. 나는 회사에 무슨 일이 일어났나 깜짝 놀라 자초지종을 알아보니 우리 회사 직원 중에서 컬러복사기로 100위안짜리 위조지폐를 만들어 사용하다 적발된 사람이 있다는 것이다. 그리고 그 위조지폐범이 다름 아닌 어젯밤 내가 당직 근무를 설 때 석탄이송 컨베이어 건물 앞에서 서성거리던 바로 그 친구라는 것이었다. 그는 이미 공안국에서 자기를 수배하고 있다는 사실을 알았는지 가족과 함께 전날 밤에 어디론가 잠적해 버린 상태였다. 중국에서는 이렇게 수배자가 일단 초기에 도망치면 찾아낸다는 것이 사실상 불가능하다. 워낙 땅덩이가 큰데다 300위안(약 45,000원)만 주면 위조 거민신분증을 암시장에서 뚝딱 만들어 주기 때문이다. 평소에 착하고 말없던 직원이 그런 엄청난 짓을 했다는 것이 이해가 안 갔지만 그에게 수배령이 떨어졌고 회사는 바로 파직 인사명령을 내렸다. 그는 우리 합작회사 250여 명 직원 중에서 처음으로 해고당한 사람이었다.

중국에서 회사를 운영하다보면 직원을 해고하는 일이 쉽지 않다는 것을 느끼게 될 것이다. 위와 같은 경우는 너무나도 심각한 사태이고 명분이 뚜렷하기 때문에 즉각 해고조치를 하더라도 이의를 제기할 사람이 없지만 일반적인 경우는 해고를 시키고 싶어도 못 하는 경우가 많다. 이는 중국이라는 나라가 공산주의 이념을 신봉하다보니, 인민들에게 가족을 먹여 살리는 직장을 제공하는 것을 무엇보다도 중요하게 여기고 이러한 직장을 무슨 이유에서건 하루 아침에 그만두라고 하는 것은 인민들의 밥통을 끊어 놓는 처사로 간주하기 때문이다. 따라서 회사 내에서 모종의 규정을 어기는 짓을 했더라도 미천하고 힘든 보직으로 좌천을 하거나 벌금을 부과하는 것으로 끝낼 뿐 웬만해서 해고를 시키는 경우는 없다. 이러한 정서는 우리나라와 사뭇 달라 초창기 한·중 합작회사 중에 중국직원 해고문제로 곤욕을 치른 회사가 한둘이 아니다. 허구한 날 지각을 하는 직원을 해고시켰더니 며칠 후 이 친구가 동네 깡패들을 몰고 사장실을 점령하여 집기를 파손시키고 사장 아들을 납치하여 '복직시키지 않으면 죽여버리겠다'고 협박하는 불미스러운 사건까지 있을 정도였으니 말이다. 하지만 지금은 많은 외국인들이 중국사회에서의 해고가 얼마나 무서운 일인지를 잘 알고 있기 때문에 가급적 사용하지 않는다.

중국노동법에는 해고의 종류에 대하여 다음과 같이 구분하고 있다.

① 노동계약의 만기가 도래하여 노동계약이 해제되는 경우(제24조)

② 수습기간 중 채용을 취소하는 경우(제25조)

③ 즉시 해고(제25조)

④ 경고에 의한 해고(제26조)

상기 중 ①, ②는 퇴직금 지급을 안 해도 되지만 ③, ④의 경우는 퇴직금을 지불하여야 한다. 다만 아래에 해당하는 경우, 면책이 가능하다.

① 취업규칙을 위반하는 경우

② 회사의 공금을 횡령하거나 회사에 손실을 끼친 경우

③ 형사상의 책임을 물어야 하는 경우

정말 다루기 힘든 중국 직원이 있다면 노동계약기간을 이용하여 퇴직을 시키면 된다. 중국에서는 일반적으로 단체협약 없이 직원 각자와 노동계약서를 체결한다. 이때 계약기간을 1년으로 약정하고 문제가 되는 직원은 이듬해에 재계약을 하지 않는 방식으로 해고가 가능하다. 그렇지만 중국인들의 감정을 고려하여 이를 남용하여서는 안 된다. 또 2008년 1월 1일자로 발효된 중국 신노동계약법 제14조에 의거, 한 직장에서 10년 이상 근속한 사람은 노동계약기간을 무기한으로 할 수 있도록 허용하고 있다. 따라서 문제가 되는 직원이 있다면 9년차 전에는 정리하여야 한다.

중국의 노동법은 이사회에서 직원 처우를 의논하는 경우, 노동조합의 대표자가 이사회에 참석하여 의견을 표명할 수 있는 권리를 인정하고 있다. 중국 노동조합법(1992년 4월 3일 제정, 2001년 10월 개정)은 아래와 같이 정해놓고 있다.

'기업, 사업단위에서 파업, 태업이 발생하는 경우, 노동조합은 종업원들의 대표로 기업 및 사업단위와 관련방면에 대하여 협의할 수 있으며, 종업원들의 요구사항을 제시할 권리가 주어진다. 기업, 사업단위는 종업원의 의견을 청취하고 이를 해결할 수 있도록 노력하며 노동조합은 기업과 사업단위를 지지하고 생산과 업무의 조기회복을 위하여 협의해야 한다.'

이러한 조항을 보았을 때 중국의 공회(公會 : 노동조합)는 회사의 생산 업무와 질서 유지를 위하여 필수적이며, 목표 생산량 및 매출액을 달성하는 데 큰 변수가 된다. 일반적으로 우리나라 회사에서 노조원이 되려면 과장급 이하여야 하는데 중국은 일반적으로 유한공사(有限

公司: 유한회사)에서는 동사장 및 동사를 제외한 직원 전체가 노조원으로 가입하게 되어 있어 심지어 총경리, 부총경리까지도 노조원이 될 수 있다. 물론 외국인은 제외된다. 이러다 보니 한·중 합작(합자) 회사에서는 중국측 투자자가 한국측에 압력을 넣는데 노동조합을 이용하는 경우가 종종 발생한다.

한번은 합작회사에서 이런 일이 있었다. 중국인 부총경리가 바뀌어 새로운 부총경리가 부임하게 되었는데 이 사람은 문화혁명시절 청화대학교에 입학한, 소위 '모택동 사상'으로 철저히 무장한 중국 공산주의 골수분자였다. 그는 합작회사에 오자마자 자신의 월급이 너무 적다고 불평이 이만저만이 아니었다. 사실 합작계약서대로 하자면 중국인 부총경리도 한국인 총경리와 동일한 임금을 받도록 되어 있다. 그렇게 하면 중국인 부총경리에게 약 30,000위안(약 450만원)이라는 월급을 주어야 하는데 그것은 그때까지 전임 부총경리가 받아온 2,500위안(약 38만원)의 무려 11배가 넘는 금액이었다. 합작계약서의 내용은 사실 중국 표준계약서에 나와 있는 내용을 그대로 옮

○ 어느 지방도시의 노동조합 대표자 회의 장면

거 놓은 것뿐이라서 이를 제대로 실천하는 합작회사가 거의 없다. 신임 부총경리는 자신의 의견이 관철이 안 되자 물밑에서 공작을 펴서 공회를 동원하기 시작했다. 어느 날 한국인 총경리가 사무실에서 집무를 보고 있는데 공회 주석(노조위원장)과 노조원 40여 명이 무더기로 몰려와 부총경리의 임금을 인상하라고 농성에 돌입하였다. 그렇게 노조원들이 2~3일을 농성한 결과, 부총경리는 자신의 임금수준을 한국인 총경리와 동일한 수준으로 인상시킬 수 있었다.

이와 같이 합작회사에 있어서 노동조합은 한·중 간에 미묘한 대립관계가 성립되었을 때, 한국측에 압력을 행사하는 수단으로도 활용된다. 하지만 우리나라와 같이 노조원들의 편익을 증진하기 위하여 과격한 행동을 일삼는다든지 아니면 노골적으로 노동조합 활동만 하는 경우는 매우 드물기 때문에 회사 내에서 노동조합이 결성되었다고 이를 적대시하거나 겁낼 필요는 없다. 오히려 우호적인 공회를 이용하여 합작(합자)회사를 성장시키겠다고 생각한다면 회사에 든든한 우군이 되기도 하니까 말이다.

1990년대 중반만 하더라도 중국은 전국적으로 보험제도가 보편화되어 있지 않아 합작회사에서는 각종 보험을 그리 중요하게 여기지 않았다. 하지만 중국이 세계무역기구(WTO)에 가입하고, 북경올림픽이 열리는 2008년도에 들어와서는 급속도로 사회보험제도가 정비되기 시작하였다.

구 중국노동법 제75조에 보면 "사용자와 노동자는 반드시 사회보험에 가입하여야 하며, 사회보험료를 납부하지 않으면 안 된다"라고 명기되어 있고, 2008년 신 노동계약법 제49조에는 "국가는 정책추진을 통해, 노동자의 사회보험이 전국적으로 적용될 수 있도록 그 제도를 계속 정비한다"로 되어 있다.

이것은 특히 외상투자기업이 주의를 기울여야 할 항목으로, 만약 어떤 노동자가 중간에 해고되어 이에 앙심을 품고 관계기관에 '자신이 근무하였던 외상투자기업에서 사회보험료를 안 낸다'고 고발한다면 심각한 위법행위로 적발되니 사회보험료에 각별히 신경을 쓰고 반드시 가입하기 바란다.

사회보험의 기본 종류에는 양로보험(養老保險), 실업보험(失業保險), 의료보험(醫療保險), 주방공적금(주택구입보조금)이 있다. 이중 주방공적금(住房公積金)은 회사 내에서 자체적으로 적립하는 기금이다. 합작회사 근무를 시작할 때, 가장 이해하기 힘들었던 부분은 바로 양로보험(養老保險)이었다. 단어 그대로 해석하자면 노후를 보양하기 위한 보험이라는 뜻이니 우리나라 개념대로 하자면 연금에 해당한다. 그런데 직원 전체 급여의 무려 25퍼센트에 해당하는 큰 금액을 매달 양로보험료로 납부하여야 했다. 사실 나는 그때 '이거, 중국인들이 외국사람 얕잡아 보고 외국계 기업에서 너무 많이 떼어가는 것 아니야?'하고 생각했다. 그도 그럴 것이 다른 중국직원에게 물어보니 그전에 다니던 중국회사에서 양로보험을 냈는지 안 냈는지 잘 모르겠다고 하고, 당시만 하더라도 퇴직 후 연금을 받았다는 사람이 없었기 때문이다. 하지만 최근 들어 국가에서 지정한 보험료는 반드시 납부하여야 하며 이를 어길 시에는 벌금을 무는 것이 당연하다는 분위기가 정착되고 있으므로 다소 부담이 되더라도 깨끗이 해결해 두는 것이 상책이다.

이러한 기본 보험료 네 가지 이외에 3항 기금이라는 것도 있다. 이것은 중국 외자기업법에 명시되어 있는 내용인데 외자기업은 직원의 복리를 위하여 매년 결산 이후 이익금 중 준비기금 3퍼센트, 기업발전기금 3퍼센트, 직원복리기금 5퍼센트를 별도로 적립해 두어야 한다. 다만 이것은 순이익이 발생한 해부터 적용된다. 이렇게 보면 중국은 대단한 복지국가인지도 모르겠다.

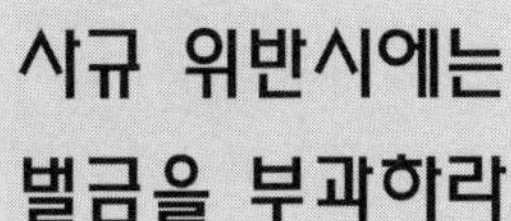

합작(합자)회사를 운영하다보면 중국인 직원 다루기가 참으로 어렵다는 것을 알 수 있다. 양국 간의 문화가 사뭇 다르기 때문이다. 그러다 보니 조직 상하 간에 서로 이해하는 폭의 차이가 많이 나게 되어 있어 관리의 어려움이 발생한다.

우리 합작회사의 경우, 초창기 한국인 총경리의 관리 방식은 전형적인 한국 스타일이었다. 우선 일을 잘하거나 업무적으로 큰 성과를 거둔 사람, 또는 총경리 눈에 들 정도로 성실하게 일하는 직원에 대하여 보너스를 지급하였다. 또 연말이나 연초에는 우수 직원을 선발하여 상장을 수여하고 그중 몇몇을 선정하여 진급도 시켰다. 이렇게 하면 직원 전체적으로 자극이 되어 보다 활력 넘치는 직장 분위기를 조성할 줄 알았는데 이상하게도 별반 나아진 것이 없었다. 건물 복도에는 여전히 쓰레기가 나뒹굴고 발전소 현장은 석탄 가루가 휘날리고 이쪽저쪽에 담배꽁초가 수북하고…. 마치 한국인의 관리방식에 반항이라도 하듯 청결치 못한 작업환경은 좀처럼 개선의 여지가 안 보였다.

　그러다 문화대혁명시절, 투철한 마오쩌둥 사상을 인정받아 당당히 청화대학교에 입학한 중국인 부총경리가 부임하고부터는 상황이 180도로 바뀌었다. 그렇게 말을 안 듣던 중국인 직원들이 일사불란하게 움직이기 시작했고 현장과 사무실은 언제 그랬느냐는 듯 항상 청결을 유지했다. 정말이지 기가 찰 노릇이었다. 한국인 총경리가 관리를 할 때에는 월급에 맞먹는 보너스를 지급하고, 새파랗게 젊은 친구를 나이에 맞지 않게 고속 승진 시켜주어도 별 반응 없이 시큰둥하던 이들이 부총경리가 부임하고 난 다음부터 갑자기 태도가 돌변하여 착실한 근무 자세와 깨끗한 작업환경을 만들어 내는 것을 보고 나는 내심 '아, 역시 중국인들은 중국인이 다루어야 하는구나'라는 생각이 들면서도 한편으로는 괘씸하게 여겨졌다. 한국인들을 얼마나 만만하게 봐왔기에 그렇게 180도 다르게 행동을 하는가에 생각이 미치니 분통이 터질 지경이었다. 하지만 나는 나중에 절친한 중국인 간부의 지적을 듣고서야 왜 중국인들이 그러한 양상을 보였는지 이해할 수 있었다.

　그의 말을 빌리자면 새로이 부임한 중국인 부총경리는 전형적인 중국 공산주의 방식을 이용하였다는 것이다. 바로 '벌금제도'다. 중국식 벌금제도는 직원들이 아무리 사소한 잘못을 저지르더라도 일일이 규정을 정하여 월급에서 공제해 버리는 제도이다. 거의 모든 항목에 벌금이 걸려 있어 귀찮은 것을 싫어하는 중국인들도 어쩔 수 없이 따르게 되어 있다. 게다가 중국인 부총경리가 정해 놓은 벌금액수는 한국인 파견자나 중국인 직원들이 상상을 초월할 만큼 많았다. 지각을 하면 50위안(약 7,500원), 실내에서 침을 뱉으면 100위안(약 15,000원), 현장에서 담배를 피우면 500위안(약 75,000원) 등으로 일반적인 벌금

보다도 훨씬 많은 액수였다. 예를 들어 현장에서 담배를 피우다 적발
되었다고 하자. 그러면 벌금이 500위안이다. 현장에서 일하는 직원
의 평균 월급이 1,000위안인데 이 중에서 벌금 500위안을 떼어 버리
면 그는 500위안으로 한 달 동안 처자식을 먹여 살려야 하는 처지가
되어 버리는 것이다. 정말 담배 한 대 값치고는 대단한 가격 아닌가?

벌금제도의 효과는 실로 상상을 초월하였다. 벌금제도를 실시하고
난 이후부터는 발전소 현장과 회사 전체가 언제 그랬냐는 듯이 먼지
한 톨, 휴지 한 장, 담배꽁초 하나 없이 깨끗함의 극치를 이루었다.
"와, 중국인들도 이렇게 깨끗할 수 있구나!" 하는 감탄사가 내 입에서
절로 튀어 나올 정도였다. 정말이지 중국 공산주의식 벌금제도는 가
히 가공할 만한 위력을 가지고 있었다. 중국인 부총경리는 그렇게 거
두어들인 벌금으로 일을 잘하거나 타인의 모범이 될 만한 일을 한 직
원, 한 달 생산성을 높인 근무반 등에 장려금으로 지급하였다. 정말
약삭빠른 처사였지만 회사에서는 더 이상의 경비 부담 없이도 거두
어들인 벌금으로 직원들의 사기를 북돋을 수 있었으니, 정말 꿩먹고
알먹고였다. 과연 명문 청화대학교에서 중국 공산주의식 리더십 교
육을 받은 인재다웠다.

이처럼 중국에서 회사를 운영할 때, 직원 개개인으로부터 자율적인
준법정신을 요구하는 것보다는 현실적으로 피부에 와닿는, 즉 현금
이 수반되는 벌금제도를 시행한다면 분명 큰 효과를 얻을 것이다. 여
러 번 이야기하는 것이지만, 정말 중국인들은 금전에 대한 이해타산
에는 세계에서 둘째가라면 서러운 사람들이다.

Chapter 10

재무 관리

- 회계담당자는 2명 이상으로
- 이런 경우 은행구좌가 동결된다
- 외화송금은 사전에 관계서류를 반드시 신고하여야 한다

- 가능한 중국계 은행을 통하여 담보대출을 받아라

중국 회계법 제37조, 제38조에 의하여 외자기업은 현지 세무국에서 발급한 회계종사자 자격증을 소지하고 3년 이상 경리담당 근무경험이 있는 사람을 경리과 직원으로 채용하여야 한다. 중국 회계법은 출납과 장부기장 업무를 각각 다른 직원이 맡아 상호 확인할 것을 요구하므로 경리과에는 최소한 2인 이상의 직원이 필요하다. 만약 상기와 같은 사항을 준수하지 않는 경우, 관할 세무국의 연도 검사에서 불합격하거나, 증치세(부가가치세)전용영수증 발행자격을 부여받을 수가 없으므로 각별한 주의가 필요하다. 그 밖에 경리과 직원은 회사 내의 기타 업무를 겸직하지 못하며, 외부에 경리업무를 위탁하는 것도 원칙적으로 인정되지 않는다.

경리과(중국에서는 일반적으로 '재무부'라고 부름)에서 근무하는 직원은 우리나라처럼 반드시 학교에서 관련학과를 졸업할 필요는 없다. 세무국에서 발행하는 회계종사자 자격증만 보유하고 있으면 얼마든지 경리과에서 근무할 수 있기 때문이다. 실례로 내가 근무하던 합작회사에서도 화학약품의 수처리를 전담하던 여직원이 수 년간 관련 업무에 재직하였음에도 불구하고 회계종사자 자격증을 가진 것으로 밝혀지자 재무부로 옮겨 출납 담당계원으로 일하라는 발령을 낸 경우가 있었다.

중국기업은 물론이고 외자기업의 경리과는 중국 공안국 지침에 따라 반드시 '방도문(防盜門)'이라는 도난방지 철문을 설치하도록 규정되어 있으며, 창문 또한 규격에 맞는 철망으로 완전히 봉쇄하여야 한다. 방도문은 두께가 5센티미터 이상인 견고한 철문을 사용하고, 반드시 공안국에서 지정한 철문 제작사를 통하여 설치하여야만 공안국 검사시 불합격 판정을 받아 다시 설치하는 불상사가 생기지 않는다. 그러나 이렇게 철저히 대비하여도 도둑은 든다. 심지어 우리 합작회사에는 도둑이 대범하게도 철문 전체를 뜯어 옮겨놓고 들어온 적이 있을 정도다. 다행히 금고 속에 현금과 중요한 서류를 하나도 보관하지 않아 별다른 피해 없이 조용히 마무리 되었지만, 노트북 컴퓨터를 잃어버린 한국인 재무부장이 투덜거리는 소리를 들으며 쓴 웃음을 지었던 기억이 난다.

참고　중국의 회계용어

대차대조표	資産負債表 (즈 찬 푸 짜이 뱌오)
외상매출금	應收帳款 (잉 소우 장 콴)
선급금	預付帳款 (위 푸 장 콴)
재고자산	存貨 (춘 훠)
채권	債券 (차이 췐)
유동자산	流動資産 (류 동 즈 찬)

고정자산	固定資産 (꾸 딩 즈 찬)
감가상각	折旧 (저 주)
차입금	借入金 (제 루 진)
어음	票据 (퍄오 쥐)
외상매입금	應付帳款 (잉 푸 장 콴)
미납부금	應交款 (잉 쟈오 콴)
미지급금	應付款 (잉 푸 콴)
부채	負債 (푸 짜이)
자본	資本 (즈 번)
손익계산서	利潤表 (리 룬 뱌오)
영업매출	主營業務收入 (주 잉 예 우 소우 루)
영업원가	主營業務成本 (주 잉 예 우 청 번)
이자지출	利息支出 (리 시 즈 추)
이자수입	利息收入 (리 시 소우 루)
영업이윤	營業利益 (잉 예 리 룬)
투자수익	投資利益 (토 즈 리 이)
순손실	淨損失 (징 쑨 스)
순이익	淨利潤 (징 리 룬)
처분가능이익	可供分配利潤 (커 공 펀 페이 리 룬)
미처분이익	未分配利潤 (웨이 펀 페이 리 룬)
현금흐름표	現金流量表 (쎈 진 류 량 뱌오)

이런 경우 은행구좌가 동결된다

현재 중국은 각 외자기업의 은행구좌를 온라인으로 관리하고 있다. 따라서 중국 정부는 외자기업의 은행 잔고, 예금, 차입금 등의 상황을 한눈에 알아볼 수 있으며, 필요시에는 즉시 동결 조치를 내릴 수도 있다.

중국에서 사업을 하다보면 누구에게나 정말 힘든 일이 하나 있음을 깨닫게 된다. 다름 아니라 제조한 상품을 판매하고 나서 수금하기가 아주 힘들다는 것이다. 계약서에 대금지급일자가 명기되어 있음에도 불구하고 설비, 자재 등 제품대금을 제때 지불하지 않고 차일피일 미루다 어쩔 수 없는 상황이 되면 그때서야 지불한다. 중국 정부에서도 이러한 대금 지급을 제때 하지 않는 악습 풍조를 철폐하기 위해 온갖 방법을 다 동원하지만 몇천 년을 두고 흘러내려온 이러한 관습이 하루 아침에 바뀐다는 것은 어불성설이다. 그나마 여러 방법 중 가장 효과적인 대금 청구 수단으로 쓰이는 것이 바로 은행구좌 동결이다.

우리 합작회사도 은행구좌를 동결당한 적이 있다. 앞에서 잠깐 밝힌 바 있는 〈청도 석탄재처리 설비회사〉 때문에 생긴 일이다. 이 설비의 도입과정에서, 나는 중국인들이 가지고 있는 놀라운 면을 두 명의 중국인에게서 다시 한 번 발견할 수 있었다. 합작회사의 중국인 부총경리와 석탄재처리 설비회사의 사장이 그들이다. 내가 우리 합작회사 중국인 부총경리에게 놀란 이유는 재처리설비를 한국인 총경리가 선정, 계약을 하는 바람에 자신들이 잃어버린 모종의 이권을 되찾을 목적으로 멀쩡한 기계를 망가뜨리는 행위까지 불사했던 그 집요함 때문이다. 그리고 상대 설비회사의 중국인 사장에게 놀랐던 이유는 바로 설비에 트집을 잡고 흠까지 내어 가면서까지 설비대금을 안 주려고 버티는 우리 합작회사에게서 결국 설비대금은 물론이고 대금 체불에 따른 위약금까지 몽땅 받아 가는 철저함을 보여 주었던 탓이다. 뛰는 놈 위에 나는 놈 있다고, 우리 합작회사의 부총경리가 뛰는 놈이었다면 〈청도 석탄재처리 설비회사〉의 사장은 바로 나는 놈이었던 셈이다. 그가 설비대금을 전액 수금해 갔던 방법이 우리 합작회사 은행구좌의 동결이었다.

사실 중국에서는 은행구좌 동결이 매우 간단하게 이루어진다. 법원에 기소된 기업의 은행구좌는 기소 즉시 동결된다. 기업 간의 분쟁은 대부분 대금지불에 얽힌 문제이기 때문에 중국 법원에서는 은행구좌를 동결해 놓고 사정청취에 들어간다. 일단 자금의 유동을 봉쇄시켜놓고 재판을 시작하여 문제가 없으면 판결이 끝나자마자 동결한 은행구좌를 해제하지만 미지급금이 있는 경우라면 즉각 강제 집행해 버린다. 그러나 중국에서 대금지급을 안 한다고 법원에 기소해도 반드시 승소하는 것은 아니다. 중국은 땅덩어리가 워낙 큰 나라여서, 지역마다 지방보호주의가 강하게 뿌리내려 있고, 피고지의 법원은 되도록 자기 관할 기업의 은행구좌를 동결하지 않는 범위 내에서 문제를 타결하려는 경향을 갖는다. 그럼에도 불구하고 우리가 어쩔 수 없이 당할 수밖에 없었던 이유는 오직 상대 재처리 설비회사의 사장이 너무나 교활한 방법을 동원했기 때문이었다. 원래 계약서대로 ― 중국 표준 계약서에 의하면 소송은 피고측 관할 법정에서 이루어진 다 ― 하자면 이 사건의 관할 법원은 우리 합작회사가 있는 '진황도 시개발구 인민법정'이어야 마땅했다. 그러나 설비회사 사장은 우리 합작회사에서 보관하고 있는 계약서를 잠시 본다면서 들고 나가 '분쟁이 발생할 때에는 청도 시 교주법원에서 처리한다'라는 문구를 삽입해서 다시 원위치에 갖다놓은 다음, 진황도 법원이 아니라 교주법원에 우리 합작회사를 기소하는 아주 교묘한 방법으로 우리 합작회사의 계좌를 동결시켜 버렸던 것이다.

이처럼 중국의 은행구좌는 정부 관계기관에 상당히 노출되어 있으며 통제당하기 쉽다. 일반적으로 기업의 외화예금 구좌는 외환관리국의 사전 심의를 얻어서 IC카드 발급을 받는 경우에만 개설이 가능하다. 계좌가 개설되었다고 해서 자유로이 외화를 송금하고 송금 받을 수가 있는 것도 아니다. 중국 정부가 외화관리국을 통해 외환 거래를 엄격히 통제하고 있는 탓이다. 중국기업과 합작을 맺은 투자자 측에서는 당연히 당기 순이익이 발생한 뒤부터는 바로 투자금을 회수하고 싶어할 것이다. 그러나 중국법상, 손익계산서의 누계손실이 남아 있으면 해외 과실송금이 불가능하다. 심지어 중국 내 외화송금(예컨대 외화대출을 받은 은행에 원리금 상환, 기업 간 긴급자금 융통 등)도 사전에 신고하지 않으면 안 되니 각별한 주의가 필요하다.

앞서 말한 바와 같이 외화송금은 외환관리국의 엄격한 통제를 받기 때문에 기업 임의로 송금할 수 없다.

2004년 중반부터 현재까지 원자재 가격이 폭등하여 중국 내 외상투자기업 중에서도 생산을 중단하거나 도산하는 업체들이 속출하였다. 살인적인 석탄가격 인상으로 인하여 정부에서 지원하는 저렴한 가격의 국가계획량 석탄을 사용하지 못하는 발전소들은 엄청난 적자를 감수하거나, 당분간 생산을 중단하고 석탄가격이 안정적으로 될 때까지 잠정적으로 문을 닫을 수밖에 없었다. 당시 상해 근교에서 중국과 미국이 합작으로 설립하여 운영하던 발전소가 있었다. 상황이 하도 좋지 않다보니 그곳 역시 진퇴양난의 위기에 봉착해, 양국의 투자자들은 필사적으로 비용을 절감할 방법을 찾는 데 혈안이 되어 있었다. 중국측 투자자는 고민 끝에 합작회사의 각종 비용 중 상당히 큰 비중을 차지하고 있던 차입금 이자를 투자자측에서 부담하기로 하고, 미국측에서도 할당된 차입금 이자부분을 당분간 미국 본사에서 지급하면 어떻겠냐고 제안했다. 그러나 미국 본사의 자금 사정도 썩 좋지 않았기 때문에 미국측은 직접 이자를 지급하는 대신 미국인 총경리를 당분간 철수시키고 그가 받던 적지 않은 인건비로 이자지급을 대체하는 선에서 합의했다. 미국인 총경리는 중국인 일반직원 50여 명에 해당하는 엄청난 급여를 받고 있었으므로 그가 철수한다는 것은 50여 명의 직원을 구조 조정하는 것이나 마찬가지 효과를 갖고 있었다. 그렇게 절감된 비용은 합작 발전소의 미국측이 할당받은 차입금 이자를 지급하기에 충분했다. 미국측 투자자는 일종의 보장책으로 중국측으로부터 '이자지급보증각서'를 받아내고서야 총경리를 철수시켰다. 만약 합작 발전소에 남은 중국측에서 이자지급을 하지 않는다면 대출은행이 미국 본사에 원금과 이자연체료를 청구하게 되어 있기 때문이었다. 그런데 몇 개월이 지나자 합작 발전소에 남아 있던 중국측은 미국측 이자를 갚지 않기 시작했다. 물론 석탄가격이 계속 올라가 발전소의 자금사정이 더욱 악화되었기 때문에 그랬겠지만, 미국측으로서도 중국측의 처사를 수수방관하고 있을 수는 없는 노릇이었다. 자기들에게는 중국측으로부터 받아놓은 '이자지급보증각서'가 있지 않은가. 그러나 미국측 투자자는 홍콩을 통해 제기한 중재신청에서 무기력하게 패소하고 말았다. 이는 미국측에서 결정적인 실수를 하나 저질렀기 때문인데, 다름이 아니라 '이자지급보증각서'를 중국의 외환관리국에 신고하지 않았던 것이다. 중국에서는 제아무리 외국인 투자기업이라 하더라도 외환관리국의 허가를 받기 전에는 외화를 국내외 어디로든 송금할 수 없다. 그것이 중국 내 은행에 대한 이자지급(달러 대출)일지라도 마찬가지이다. 미국측에서 '이자지급보증각서'를 들고 펄펄 뛰어보아야, 사전에 외환관리국에 신고 되어 있지 않은 서류였으므로 관계 당국에 중국측 투자자를 기소

할 수는 없었던 것이다.

　외화의 반출, 송금 문제는 중국에서 상당히 민감한 사안이다. 외화 송금 문제가 걸려 있는 경우, 외화의 유동이 국내외를 막론하고 중국 정부로부터 엄격하게 통제받고 있다는 점을 확실히 인지하고 사전에 반드시 관련서류를 확인해야 한다.

중국의 국유기업, 정부관련 조직은 담보제공이 금지되어 있다. 따라서 중국측 파트너가 국영기업이거나 정부조직인 경우, 중국측 파트너에게 차입금을 조달하기 위한 연대보증이나 담보제공을 요청할 수가 없다. 중국 담보법(1995년 6월 시행) 제8, 9조에는 정부 관련조직의 기준에 대하여 열거되어 있다. 이 조항에 의하면 국가기관(제8조)과 학교·유치원·병원 등 공익목적의 사업장이나 사회단체(제9조)가 정부 관련조직에 해당된다. 따라서 사업 파트너가 국가기관이나 사회단체인 경우, 투자 이전에 자금 확보 계획을 미리 세워두는 편이 좋다. 하지만 중국측 파트너가 이러한 국가기관이나 사회단체라 하더라도 실망할 것은 없다. 오히려 사업 자금을 마련하는 데 있어서 이들보다 더 좋은 기업체는 없다고 보는 편이 맞다. 이들은 합작회사의 차입금 마련을 위하여 자신들이 직접 담보제공은 할 수 없지만 타 업체의 담보를 빌려 은행대출을 쉽게 받을 수 있기 때문이다. 확실한 공신력이 확보된 만큼 우회적인 대출이 매우 용이

한 셈이다.

첫 번째 중국 파견근무 시절, 한번은 내가 있던 도시에서 한국의 소규모 의류업체 사장이 중국은행으로부터 75억 원을 대출받아서 제3국으로 도망가 버린 사건이 일어났다. 이 일은 비록 중국 현지에서 열심히 일하는 한국인들의 힘을 빼놓는 망신스러운 일이기는 했지만, 한편으로 한·중 합작 사업을 통하여 매번 당하기만 하는 것이 한국기업체들인데 대체 어떠한 방법으로 그렇게 큰돈을 중국은행으로부터 빼내어 갔는지 궁금증이 일었다. 개인적으로 관계자들을 통해 알아본바, 그가 은행으로부터 대출을 받을 수 있던 경위는 대략 다음과 같았다.

문제의 회사는 서울에 조그만 사무실을 가지고 있으면서 하청을 받아 오리털 파카를 생산하던 의류업체였다. 오리털 파카 판매를 통해서 조금 돈을 모은 사장은 생산라인 증대와 인건비 절감을 목표로 중국 진출을 타진하기 시작했다. 그 과정에서 그는 내가 살고 있던 지역 대학이 운영하는 과학연구센터에 3층짜리 번듯한 건물이 비어 있다는 사실을 알아내고, 그 건물을 싼 값에 빌려 200여 평 규모의 생산라인을 설치하고 공장을 가동시켰다. 한편으로 그는 임대 과정에서 알게 된 대학교 총장 및 관계자들, 그리고 주변 기업들의 주요 임직원들에게 자신의 공장에서 생산한 최상품 의류만을 골라 수시로 선물하는 등, 인맥관계를 맺는 일에도 열심이었다.

투자 초창기부터 일이 잘 풀리자, 그는 생산라인을 더욱 확장하기로 결심하고 중국계 은행 관계자들을 만나 대출을 신청했다. 그러나 은행에서 그 업체에게 흔쾌히 대출해 줄 리가 만무했다. 자기 소유의 건물도 없는데다가 고작해야 재봉틀 몇 대가 고정자산의 전부인 업체를 어떻게 믿고 100만 위안을 대출해 줄 수 있었겠는가. 궁리 끝에 사장은 자신이 입주한 건물의 소유주인 대학교를 끌어들이기로 결심한다. 원래 중국에서는 대학교 등 공공기관은 대출을 받을 목적으로는 자신들의 고정자산을 담보로 제공할 수가 없다. 하지만 2000년만 하더라도 지방에 있는 공공기관들은 공공연하게 자신들의 공신력을 바탕으로 대규모의 은행대출을 일으켰고 당시 그 대학도 다른 공공기관들과 마찬가지로 학교를 급속도로 확장하기 위하여 중국은행, 공상은행, 건설은행, 농업은행 등 중국 굴지의 은행들로부터 많은 대출을 받아 놓은 상태였다.

원래는 생산라인만 몇 개 증설하려던 순진한 생각은 대출이 불가능해지자 아예 크게 한탕을 벌이겠다는 불순한 의도로 변질되었다. 마침 주변에는 적당한 미끼도 있었다. 당시 그의 공장이 입주해 있던 대학의 과학연구센터는 컴퓨터나 기자재가 하나도 없는 허울뿐인 존재였다. 사장은 대학측이 과학연구센터를 확장하고 싶어 한다는 허점을 노리고 자신의 회사가 후원하여 무상으로 컴퓨터를 제공하고 기타 장비를 도입한다는 등 온갖 감언이설과, 겉으로 보기에는 아주 그럴 듯한 조감도와 사업계획으로 대학교 교장(중국에서는 총장을 교장이라고 한다)을 현혹시켰다. 사장의 열정적인 설명을 들은 교장은 과학연구센터에 대한 지원을 받는 대신 그 의류업체가 은행으로부터 건설자금을 대출받기 위한 담보를 제공하기로 결정했다. 은행에서는 공공기관의 담보라는 것을 알고 받아들이겠다고 하면서도 아무래도 미심쩍었는지 조건을 하나 더 내걸었다. 다른 기업체 담보를 하나 더 요구했던 것이다. 그러나 원체 주변 기업들과도 좋은 관계를 맺고 있었던 그는 그곳에 진출한, 우리나라에서도 꽤 알려진 의류회사 현지법인으로부터 어렵지 않게 담보를 얻어와 결국 5,000만 위안(약 75억원)이라는 대출금을 받아낼 수 있었다. 그리고는 어느 날

갑자기 회사의 모든 것을 놓아두고 제3국으로 도망가 버렸다. 그러나 1년 뒤, 추가 담보를 제공하여 큰 손실을 입은 한국기업체의 끈질긴 추적으로 그 문제의 사장은 잠시 한국으로 들어오다가 잡히고 말았으니 예의 중국 은행도 나름대로 선견지명이 있었던 게 아닌가 싶다.

중국에서 사업을 하다보면 차입금 조달이 큰 문제로 대두될 때가 반드시 있다. 이때 한국계 은행에서 담보대출을 할 수 있지만 중국계 은행을 통하여 대출을 받는 것이 한국 본사의 입장에서는 매우 유리하다. 중국에 진출한 한국계 은행의 외화대출은 중국에 있는 현지법인의 그 어떤 것도 담보로 인정하지 않고 오로지 한국에 있는 담보를 요구하는 아주 안전한 장사만을 하려고 든다. 본사가 소위 말하는 보증신용장(Standby L/C)이라는 것을 개설해 주어야 비로소 현지법인에 대출을 내어준다. 보증신용장은 본사의 예금이나 현금입출이 많은 계좌를 담보로 잡고 대출을 내어주는 것으로, 말 그대로 신용장 안에 중국에서 대출해 준 대출금만큼의 담보 금액을 잡아 두고 항상 대기(Standby)상태로 유지하다가 현지법인이 대출 원리금을 상환하지 못하는 사태가 발생하면 미련 없이 본사의 계좌에서 보증 신용장상의 금액을 찾아가 버리는 아주 무시무시한 담보이다.

한국계 은행 대출은 이처럼 한국 본사가 짊어져야 하는 부담이 너무 크다. 2008년도에 한국의 모 은행이 한국계 은행으로는 최초로 인민폐 대출업무를 시작하였고 중국 현지 고정자산담보를 인정한다고 했지만 대출이 그리 만만치가 않았다. 그러므로 가능하다면 중국계 은행을 통하여 대출을 받는 것이 좋다. 중국계 은행에서도 한국과 마찬가지로 부동산 담보대출을 받을 수가 있는데, 이에 관하여는 앞에서 밝힌 바 있으므로 생략한다. 위에서 이야기한 의류업체 사장과 같이 나쁜 마음을 먹고 대출을 받으면 안 되겠지만 중국에서 사업을 하는 데 있어서 중국계 은행을 통한 중국 자금을 쓰는 것이 가장 현명한 방법이 아닌가 생각된다.

Chapter 11

건설공사 관리

- 제발 문서관리 좀 하라고!
- 기성검사는 예산원(預算員)이 전담한다
- 입찰 과정의 어려움
- 건설 진도율 체크 요령
- 설비의 품질을 확인하기 위하여 3가지 증명서를 요구하라

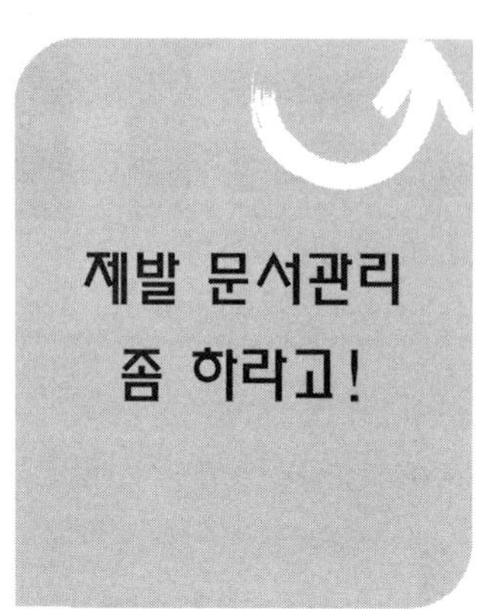

다른 사업 분야에서도 마찬가지지만, 중국에서 건설관리를 함에 있어서 가장 어려운 부분 중의 하나가 바로 문서관리이다. 일반적으로 중국인들은 업무를 수행할 때, 문서로 의사를 전달하기보다는 구두로 처리하는 경향을 갖고 있다. 그래서인지 과거 통계자료를 찾아보려고 하면 제대로 보존되어 있는 경우가 거의 없다. 보관되어 있다고 해도 정리가 전혀 안 된 상태로 종이 상자에 낱장으로 담겨 있기 일쑤이다. 중국인들의 말을 빌리자면, 각 담당자들이 관장하고 있는 업무에 대하여 각자 기록하거나 기억하고 있으면 전혀 문제가 없기 때문에 불필요한 격식을 갖춘 문서를 보관하는 것은 대단히 비생산적인 일이라는 것이다. 하지만 객관적으로 판단했을 때 중국이란 나라의 사회체제와 역사에 그 문제의 본질이 담겨 있는 것 같다. 과거 문화혁명시절 마오쩌둥 사상에 벗어나는 지식분자들을 색출하는 과정에서 문서라는 것이 얼마나 많은 인민들을 희생시키는 근거로 채택되었는지 이들은 잘 알고 있다. 그러다 보니 중국인들은 회사에서 웬만한 문서에는 서명을 남겨 자신의 책임소재를 밝히려고 하지 않는다.

우리나라의 직장인이라면 내부보고를 위하여 입사와 동시에 배우는 것이 '결재'이다. 하지만 중국에는 결재라는 제도 자체가 없다. 조직 내에서 한 단계씩 위로 올라가면서 상사의 확인서명을 받는 결재 제도가 없으니 담당자가 문서를 작성하면 곧바로 결정권을 쥐고 있는 회사의 최고경영자를 찾아가 보고한다. 작성된 문서도 통일된 양식이 있는 경우는 드물고 편지지 따위에 수기로 기록하여 직접 최고경영자에게 전달하므로 사안에 따라서는 담당자와 최고경영자 이외에는 그 어떤 중간 간부도 알 수가 없는 경우도 생긴다. 다시 말해 중국 사회의 전통적인 기업체들은 최고경영자를 중심으로 한 매우 강력한 점조직을 형성하고 있으며 이런 조직 사회에서는 정보의 비밀유지가 우선이지 결코 문서를 보존하고 결재를 하는 것이 중요한 일이 아닌 것이다.

그러나 문서 관리의 정립은 합작회사 건설 사업을 순조롭게 진행하기 위하여 무엇보다도 중요하다. 정확한 근거도 없이 이루어지는 의사결정이라면 책임의 소재가 불분명해질 뿐만 아니라, 제대로 된 공사관리가 이루어질 리가 만무하기 때문이다. 다만 중국에는 이렇다 할 공사 관리 양식이 없으므로 다음과 같은 양식을 작성하여 현장 내에서 통용시키면 작업능률을 배가시키고 관리를 효율적으로 할 수 있을 것이다.

① 공문(公文)

회사 내부 결재용으로 사용하는 양식을 말한다. 양식은 기존에 한국에서 쓰던 양식이 있으면 그 양식을 빌려서 제작하면 무방하다. 중

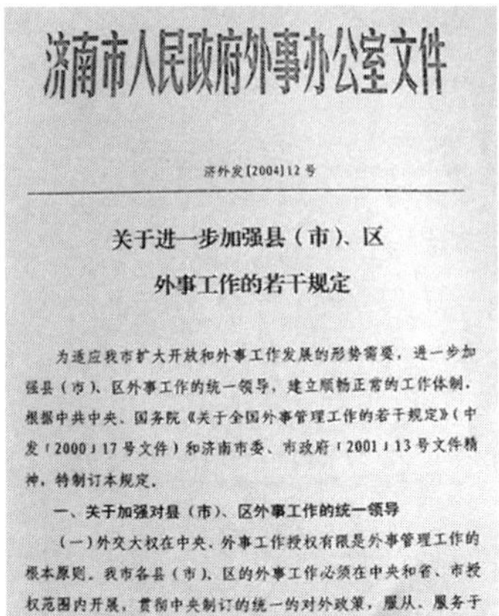

○ 중국 공문서 양식

국인들은 우리나라와 다르게 B5 용지를 주로 사용한다. 우리나라 식으로 A4용지로 통일할 것인지의 문제는 해당 회사의 사정을 고려하여 결정하는 것이 좋다. B5 용지의 경우 종이를 절약한다는 측면에서 유리하고, A4용지를 사용하는 경우 글씨가 크고 시원시원한 것이 보기가 좋다는 이점이 있다.

② 심사신청서 (審査申請書)

가장 빈번하게 사용되는 문서로서 건설공정을 진행 중 시공자가 발주자인 우리 합작회사에 요구사항이나 의견을 제시할 때 사용한다. 양식은 특별한 것 없이 건설회사 이름, 요구일시, 요구내용 등을 기재하면 된다.

③ 심사의견서 (審査意見書)

시공자가 합작회사에 의견을 제시할 때는 심사신청서를 작성하고 합작회사가 회신을 줄 때에는 심사의견서라는 것을 작성하여 송부한다.

④ 통지서 (通知書)

건설회사에 긴급히 통지할 일이 발생하거나 합작회사 총경리의 급한 지시사항이 있을 경우 통지서를 사용한다.

문서관리가 매우 열악한 중국에서 위와 같은 제도를 정착시키는 데에는 많은 시간과 노력이 필요하다. 나의 경우, 건설 초창기 거듭되는 교육과 통지에도 불구하고 각 시공자의 현장대표, 담당자 심지어는 우리 합작회사의 현장감독까지 위와 같은 문서관리 규정을 준수하지 않았다. 그들은 한결같이 오랜 세월 습관화가 되어 버린, 개별적으로 메모형식의 간단한 수기기록을 주고받는 등 전형적인 전근대 방식인 중국식을 고수하여 많은 애로를 겪었다.

특히 시공사에서 건설공정을 진행하기 위해 요구사항을 작성하여 합작사에 제출하는 '심사신청서'의 경우 우리 합작사 내부 관련 간부들의 결재를 한 번 얻으려면 상당한 시간이 소요되었다. 회신이 자꾸만 늦어지니까 시공사도 공정진행에 영향을 받을 수밖에 없었고 이로 인해 공기가 상당히 늘어나 버렸다.

하지만 계속적인 교육과 지시에 의하여 결국 건설회사, 설계회사, 우리 합작회사의 중국직원들이 문서관리의 효율성을 인식하게 되자 나중에는 업무효율을 제고시킬 수 있었다. 건설현장에 참여하였던 한 건설회사는 우리 합작회사 건설공정을 마치고 다른 건설현장에서도 우리와 일할 때 사용했던 심사신청서 및 심사의견서 문서양식을 계속 썼다고 한다. 또한 합작회사 내의 결재 공문은 완전히 한국식으로 정착되어 문서를 통일 양식에 맞추어 내부 결재를 받는 것도 자연히 생활화되었다.

이렇게 중국 투자를 결정하고 건설공사를 추진할 경우, 문서관리의 주안점은 가능한 빨리 '문서관리규정'을 관련 중국인 직원에게 인식시키는 일이다. 그렇지 않고서는 정보, 자료의 유실과 공기지연이라는 막대한 손실을 막을 방법이 없다. 따라서 문서관리규정은 무엇보다도 먼저, 그리고 강력히 실행하여야 할 관리 항목이라고 할 수 있다.

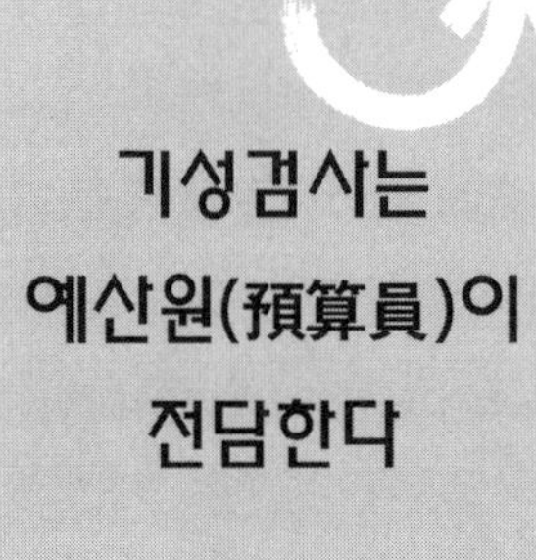

중국에는 '예산원(預算員)'이라는 별도의 기성검사 담당자가 있다. 이들은 대학에서 공사비 및 기성검사를 전공한 전문인들이다. 중국에서 수행되는 모든 건설공사의 공사비와 기성은 이들 손에 의하여 관리된다. 웃지 못할 일은 현장감독들이 기성서류를 전혀 볼 줄 모른다는 것이다. 우리나라의 경우, 공사가 진행되는 과정에서 시공자가 발주자에게 기성신청을 하면 당연히 현장의 모든 내용을 알고 있는 현장감독이 기성서류를 검토하는 것이 상식인데 중국에서는 현장감독은 현장감리 감독 성격만을 띠고 있고 기성에는 전혀 관여하지 않는다. 이처럼 오직 예산원만이 기성검사를 할 수 있는 권한을 가지고 있기 때문에 몇 가지 문제점이 존재한다.

우선 예산원들이 기성검사를 하게 되므로 공사물량에 대하여 정확하게 파악할 수가 없다. 특히 지하부분과 같은 은폐된 부분의 공사는 더더욱 확인이 곤란하다. 현장의 공사물량을 가장 정확하게 파악하고 있는 직원은 현장감독일 것이다. 그에 비해 예산원들은 시공도면을 근거로 기성검사를 할 뿐이므로 상황에 따라 빈번하게 바뀌는 현장 변경사항에 대하여 정확한 물량을 파악하지 못하게 된다. 이들의 불명확한 공사물량 산정 때문에 시공사와의 분쟁에 빠져드는 회사도 무척 많다. 그뿐만이 아니다. 예산원이라고 해서 전체 공정에 대한 기성서류를 볼 수 있는 능력을 갖추지는 못했다는 점 또한 문제다. 예컨대 토목분야 예산원은 토목분야(부지기초, 건물 등) 이외에 설치분야(각종 기계설비의 설치) 기성서류에 대하여는 전혀 볼 줄을 모르고 설치분야 담당 예산원은 설치분야 이외의 기성서류는 검토할 줄 모른다. 결국 인원이 중복되더라도 여러 명의 예산원을 고용해야 한다. 이런 현상은 중국 정부의 기업 고용인원 창출을 극대화하기 위한 전략에서 파생된 산물이라고 볼 수 있다. 대학에서는 각각의 전공을 엄격하게 구분짓고 있기 때문에 어쩔 수 없는 노릇이기도 하다.

이처럼 중국에서 건설공사를 진행하다보면 만날 수 있는 공사비 관리상의 문제점은 너무나 많아 전부 다 열거할 수는 없을 정도지만, 그래도 핵심적인 문제점과 그 해결책에 대해 간단히나마 소개해 보겠다.

① 품셈에 없는 자재의 가격 조사방법

시공자와의 공사 계약시, 공사비는 중국 관례상 발주 당시 설계상의 공사물량을 산출하고 여기에다 품셈에 나와 있는 각 단가를 적용, 건설 계약 총액을 대략으로 정하는 '총액잠정금액'으로 체결하게 된다.

중국 건설시장에는 '정액(定額)'이라고 불리는 품셈(자재가격 기준표)이 있다. 토목공정에 관련된 자재가격은 정액 내에 대부분 나와 있으나 설치공정에 관한 자재 가격은 정액 내에 없는 것이 상당히 많다. 정액 내에 없는 경우 해당 시에서 격월로 출간하는 '물가정보지'를 검색해야 하는데 물가정보지 내에 없는 자재 가격도 상당수이다. 이런 때는 합작회사의 물자구매 담당자가 시장가격을 조사하여 시공자(건설회사)의 지입자재가격을 결정해주어야 한다. 중국의 각 시에는 '조가점(造價站, 물가가격조절센터)'이라는 곳이 있다. 일단 조가점을 통하여 가격을 결정 받으면 시공자나 발주자나 아무런 이의를 제기하지 못한다. 왜냐하면 조가점은 국가기관이기 때문에 그곳에서 '정액', '물가정보지'에 등재되어 있지 않은 자재가격을 결정할 수 있는 권한이 있기 때문이다. 하지만 이 기관을 이용하는 데에는 상당한 어려움이 있다.

한번은 우리 합작회사의 시공자가 자재 가격이 결정되면 물품을 구매하고 공사를 재개하겠다고 하여 조가점을 통하여 가격조사를 의뢰하고 회신이 오기를 기다렸는데, 약 10여일 후에야 가격을 통보해주는 바람에 공사 진행에 막대한 차질을 빚었다. 또한 그곳 담당자의 답변을 받아내는 과정에서도 건설공사 자재가격결정은 각 발주자와 시공자가 알아서 결정한다며 투덜거리는 등, 불친절을 감수할 수밖에 없었다. 그 이후로 발주자인 우리 합작회사는 중국 현실에 따라 시공자가 직접 구매하는 지입자재들은 '시장가격 중 3개사 비교가격의 원칙'에 의하여 동일 품질 품목 중 최저가를 지입자재 가격으로 결정하는 방식을 채택하였다.

내 경험에 비추어 볼 때, 발주자가 직접 가격을 조사하여 최저가를 통보하는 방식이 중국에서 공사비를 줄일 수 있는 최선의 선택인 것 같다. 그러나 수많은 자재를 놓고 가격 조사를 일일이 하다보면 업무량의 과다나 기성검사 기간의 연장, 부분적 공사 진행의 중단 등이 어쩔 수 없이 발생하니 이는 사전에 감안하여야 할 것이다.

② 설치분야 기성검사의 문제점을 해결하려면

기성 내용을 크게 구분하면 토목분야와 설치분야로 나눌 수 있다. 앞서 언급했듯이, 토목분야와 설치분야를 동시에 점검할 수 있는 예산원이 없기 때문에 분야별로 인원을 따로 고용해야 한다는 문제점이 있다. 게다가 설치분야는 대학에서 전공이 전기분과와 기계분과로 양분되어 있어서 설치분야 기성을 검토하는 데만 최소한 2명의 예산원이 필요하다. 전기를 전공한 자는 기계분야를 전혀 볼 줄 모르며, 기계를 전공한 자는 전기 분야 기성을 검토, 계산할 줄 모른다. 참으로 비효율적이지만 법규를 위반하지 않기 위해서는 어쩔 수 없이 설치분야 예산원을 각각 1명씩 고용하여야 한다.

하지만 더욱 문제가 되는 것은 토목분야 예산원은 건설공사가 완공된 후에도 일반적으로 회사에 계속 잔류하여 장기적으로 근무하려는 반면 설치분야 예산원들은 공장 건설시 기계가 설치 완료되면 회사에서 할 일이 없어지기 때문에(기계 설비의 하자 보수는 설비를 제공한 업체에서 전담한다) 건설공사만 끝마치면 다른 현장을 찾아가려고 한다는 점이다. 그래서 보수가 시원찮은 웬만한 건설현장에서는 이런 설치분야 예산원을 구하기가 하늘에 별따기다. 그렇다고 설치회사에서 올라오는 기성을 아무나 검토할 수도 없는 일이다. 물론 예산원이 없을 경우, 전문기관에 외부 위탁을 주어 기성검사를 받을 수 있다. 정부인가를 받은 전문기관이기 때문에 기성검사 결과에 대하여 객관성은 인정되지만 회사 내의 직원이 직접 수행하지 않은 만큼 전체 공사 내용에 대한 파악력이 부족할뿐더러 충실도도 상당히 떨어지게 된다. 게다가 자문기관에서 원 기성신청금액을 심사하여 삭감한 금액의 8~10퍼센트 선에서 자문료를 지급해야 한다. 이것은 예산원에 지급하는 비용의 몇십 배에 달하는 금액이므로 적지 않은 부담이 된

다. 또한 위탁기관이 설치회사와 짜고 기성신청금액을 거의 깎지 않
는 부정의 소지도 있으니 아무리 어렵더라도 예산원을 구하는 것이
상책이라 하겠다.

입찰 과정의
어려움

중국에도 건설공사 업체선정을 위한 입찰제도가 있다. 중국은 1984년 남방 5대 특구를 최초로 개방하면서 입찰제도를 실시하였다. 개방이 늦은 지역은 입찰제도 도입 시기도 그만큼 뒤쳐져 있다. 내가 있던 진황도의 경우 1990년 초에 '입찰관리사무국'이 설치되어 입찰 제도를 처음으로 시행하였다. 이처럼 지역에 따라서 다소간의 차이는 있겠지만 대체적으로 입찰관리사무국에서 근무하는 직원들도 중국의 짧은 입찰 역사 때문인지 입찰의 형식과 절차를 제대로 숙지하지 못하고 있는 경우가 많다. 중국에서 건설공사를 입찰하게 되면 발주자가 임의로 주관하여 진행할 수 없다. 반드시 관할 입찰관리사무국에 통보하고 모든 업무를 입찰관리사무국에서 주관하여 진행하여야 한다. 우리 합작회사의 경우도 '진황도시개발구 입찰관리사무국'을 통하여 모든 일정과 결정권을 입찰관리사무국에서 행사하고 우리 합작회사가 필요한 경비와 자료를 조달해주는 형식으로 진행했다. 하지만 입찰을 진행함에 있어 입찰관리사무국 담당자들이 입찰 및 계약제도에 익숙한 한국 파견자보다 관련 지식이 훨씬 모자란 데다가 그들 마음대로 입찰을 진행하도록 방치해 둘 경우, 비리가 발생할 소지가 컸으므로 한국의 입찰방식을 접목하여 업무를 이끌어 가도록 하였다. 이렇게 하니 입찰관리사무국의 체면도 살려주고 입찰의 공정성도 기할 수 있게 되었다. 참고로 중국에서의 입찰관련 업무 절차와 내가 있던 합작회사가 관할 입찰관리사무국에 한국방식을 어떻게 도입시켰는지 소개해 보겠다.

① 공사입찰 참가자격 사전심사

중국에는 「건설공사입찰 참가자격 사전심사 세부기준」이 없다. 그래서 입찰공고가 나면 발주자나 입찰관리사무국과 관계가 있음직한 건설회사들이 모두 입찰 참가를 신청하게 되므로 선별과정에 있어서 이권이 개입되지 않을 수가 없다. 이런 사태를 방지하기 위해 입찰참가방식에 객관적 기준의 「건설공사입찰 참가자격 사전심사 세부기준」을 제정하여 실시한다면 공정한 입찰을 진행할 수 있다.

② 예정가격

중국에도 경쟁입찰시, 낙찰자 결정의 기준이 되는 해당 계약 목적물에 대한 주관적 최고한도금액을 의미하는 '예정가격제'가 있다. 하지만 예정가격을 결정하기 위하여 '개산(槪算 : 총건설비를 개략 산정함)'이라는 것을 실시한다. 이때 적용되는 품셈이 너무 현실과 동떨어질 경우 차후 공사가 끝나고 나면 건설비가 엄청나게 증가하게 되니 각별히 주의하여야 한다. 우리 합작회사의 경우 개산시에 적용된 품셈 기준이 '1984년도 전력공정지표' 한 가지밖에 없었다. 이마저도 모든 물가가 10년이나 차이가 나는 기준을 사용하는 관계로 총건설비 산정이 현실과 맞지 않아 예정가격을 설정하는 데 어려움이 많았다.

　개산에서 산정되는 비용의 구성은 (1) 직접비, (2) 종합취비, (3) 재료계수 조절차, (4) 재료가격 실질조정, (5) 기계비 조정, (6) 인건비 조정 1, 2로 이루어진다. 어디서나 마찬가지로 건설공사비는 재료비, 인건비, 기계비가 차지하는 비중이 가장 크다. 만일 품셈 기준이 현실과 맞지 않아 개산에 어려움을 겪는다면 기타 인건비, 기계비 등의 비중을 늘려서 비교적 현실적인 예정가격을 산정할 수 있다.

③ 정보발표회 (情報發表會, 입찰공고)

　모든 입찰업무는 입찰관리사무국에서 주관한다. 입찰관리사무국에서는 정보발표회(입찰공고)를 행사 10일 전에 신문 등 매체를 통하여 광고하거나 지방정부 건물 게시판에 입찰공고를 개시하여 공정한 일반 경쟁입찰 정보발표회를 실시한다. 정보발표회를 거행할 때 합작회사에서는 미리 준비한 「건설공사 입찰자격 사전심사 세부기준」을 배포하고 일주일 후 신청서를 접수한다. 합격회사 발표는 일반적으로 5~7일 후에 한다. 참가자격 심사시에는 시공경험, 기술인력, 경영상태에 대해 평가를 내려, 각 항목별로 50점 이상을 얻었거나 신인도를 합하여 종합평점 60점 이상을 획득한 업체를 합격선으로 두고 심사한다. 수의 계약을 하는 경우 반드시 입찰관리사무국에 사전에 신고를 하고 진행하게 하여야 한다. 그렇지 않은 경우, 라이벌 건설업체에서 관할 입찰관리사무국이나 관계기관에 투서를 하여 문제가 아주 복잡해지므로 주의해야 한다.

④ 투표예비회 (投標豫備會, 현장설명회)

발주자는 참가자격 사전심사를 통과한 업체들이 반드시 투표예비

회에 참가하여, 공사현장 상황을 파악하고 공사시행 예산 산정, 기술
적인 시공능력에 대한 판단을 내릴 수 있도록 초보설계(한국의 경우와
비교하자면 사업타당성보고서와 기본설계를 혼합하여 놓은 형태)에 나와
있는 설계도면, 공사시방서, 현장 설명서를 열람하게 한다.

그러면 투표예비회에 참가한 각각의 토목, 설치 분야 시공업체들은
중국 관계 법률에 의거, 7일 이내에 기술 입찰서, 상업 입찰서를 제출
한다. 기술입찰서에는 기술인력, 장비, 기계의 보유 현황 및 주요 공
정 부분의 시공계획서가 포함되어 있고 상업입찰서에는 입찰가격,
공기, 품질표준, 대금지불방식 등이 기재되어 있다.

⑤ **고찰**(考察, 실사)

자격심사를 통과한 각 업체 실적을 직접 확인하기 위하여 이미 완
공되어 있는 건물, 구축물, 기계설비 등을 현장 방문하여 확인한다.

⑥ **투표**(投標, 개찰) 및 **중표**(中標, 낙찰)

일반적으로 각 부문별로 기술입찰서와 상업입찰서를 접수하고 하
루가 경과한 후에 관할 입찰관리사무국, 발주자(외자기업), 설계회사,
감리회사, 공안국 관계자가 입회하여 밀봉된 입찰서류를 개봉한다.

⑦ **계약체결**

낙찰된 업체와는 곧바로 계약체결을 맺는다. 건설공사 계약문서의
내용은 우리나라와 큰 차이는 없다. 주 내용으로는 계약의 목적, 계
약 금액, 이행 기간, 계약 보증금, 위험부담, 지체상금 및 중재방법,
기타 등이 포함된다. 공사비는 중국 관례상 계약 단가 및 물량 표시
가 없는 총액 잠정금액으로 체결하는 경우가 많다.

시공사와 계약하는 방법에는 1개 업체를 지정하여 모든 것을 맡기는 턴키베이스(Turnkey Base) 방식과 특정 부분을 분할하여 전문업체에게 떼어주는 분리발주 방식이 있다. 우리 합작회사의 경우 7개 시공자가 동시에 시공을 진행하였다. 부근에 있는 〈진황도 발전소〉가 1개 시공사를 지정하여 턴키베이스로 공사를 진행한 것을 보면 우리 합작회사는 규모에 비해 많은 시공자가 시공을 맡은 셈이었다. 당시 중국에서는 분리발주가 일반적인 관행이었기 때문이다. 최근 대형 프로젝트를 중심으로 일괄발주하는 형태가 도입되고 있으니 앞으로는 턴키베이스 방식으로 진행해도 큰 무리가 없지 않나 싶다.

분리발주 방식은 설비, 자재 등을 발주자가 직접 관리하고 시공자가 많아 세세한 부분까지 보고 받으므로 총 투자비를 견실하게 관리할 수 있는 장점이 있는 반면, 시공자끼리 시공이 중복되는 부분이 많아 문제가 일어나기도 한다. 예컨대 상대 시공자에게 공사 책임을 떠넘기는 일이 잦다든지 정확한 공사범위를 따지다가 공기가 한참 뒤로 밀린든지 하는 일이 분명히 생기게 된다. 특히 중국이 사회주의 국가이다 보니 책임구분을 명확히 하려는 경향이 매우 강해서 어느 시공자도 공동 교차하는 부분에 대한 책임은 절대로 지지 않으려고 한다.

따라서 투자비가 다소 증가하더라도 공사를 하루라도 빠른 시일 내에 완공하여 생산가동하기를 원한다면 단일 시공자를 선정하여 턴키베이스 방식으로 진행하고, 공기가 좀 늦어지더라도 투자비의 절감을 원하고 각 부분별로 전문 건설·설치회사에서 시공하기를 원한다면 분리발주 방식을 선택하는 것이 좋다.

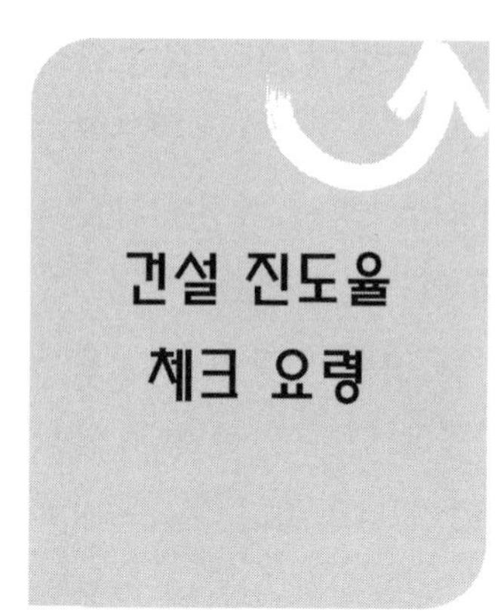

건설 진도율
체크 요령

중국 투자를 결정하고 중국측 투자자와 합자(합작 또는 독자)계약을 체결한 다음 제일 먼저 할 일은 공장 건설이다. 건설을 예정된 공기 내에 완성하기 위해서는 건설과 관련된 설계, 구매, 시공, 시운전, 인허가 업무가 제때에 이루어져야 한다. 이를 위해서는 이러한 관련 업무를 일목요연하게 관리하는 건설진도관리, 즉 공정관리가 필수적이다. 하지만 중국 건설에서는 이러한 공정관리가 매우 소홀히 다루어지고 있는 실정이다. 때문에 공정관리는 선천적으로 꼼꼼한 우리나라 사람이 주관하는 것이 좋다. 이때, 한국의 건설업계의 기존 양식을 사용해도 무관하지만 거기에 더하여 다음과 같은 내용을 참고로 삼아 공정관리를 하면 건설진도를 확인하고 전체 공기를 조절하는 데 있어 매우 유리할 것이라 생각된다.

① 시공설계도면 관리

공장 건설을 위한 도면에는 일반적으로 두 종류가 있다. 첫째가 초보설계(기본설계)도면이고 두 번째는 시공설계도면이다. 초보설계도면은 공장을 착공하기 이전에 개략적으로 작성된 설계도면을 뜻하므로, 공장을 건설하는 데 실질적으로 필요한 도면은 시공설계도면이다. 단 하루라도 공기를 당기고 싶다고 현장에서 아무리 아우성을 쳐도 도면이 없으면 공사를 시작할 수 없는 것이 현실이다. 따라서 시공도면이 얼마나 시간을 맞추어 차질 없이 제공되느냐가 아주 중요하다. 중국의 설계회사는 일반 발주자나 건설회사보다도 상전이라는 의식이 있는데다 소위 '만만디'습성까지 가지고 있어서 제때에 시공도면을 제공하지 못하는 경우가 허다하다. 따라서 시공설계도면을 제때에 공급받기 위한 별도의 관리인원과 관리방법을 특별히 강구하여야 한다.

② 종합공정진도표

공사현장에서는 보통 종합공정진도표라는 한 장의 표를 이용하여 토목 시공, 설치 시공, 설비 구매, 설계, 감리, 기타 항목에 매월 각 분야별 실적진도를 적는다. 그러나 공사가 어느 정도 진척되었는지를 육안으로 확인하여 이것을 다시 수치로 나타내기는 사실 쉬운 작업이 아니다. 또한 보는 사람의 관점에 따라 측정치가 크게 차이날 수도 있다. 예컨대, 공정 중에서 건물 땅파기가 완료된 상태라고 하자. 어떤 이는 토목공사에 비중을 많이 두어 그 정도면 전체 공사의 30퍼센트를 완공한 것으로 보는 반면, 또 어떤 이는 동일한 진척상황을 두고 전체공사의 10퍼센트 완성으로 잡을 수도 있다. 사실 우리 합작회사의 경우도 초창기에 토목분야의 가중치를 너무 크게 잡아 건설을 시작하자마자 공사진도율이 실제보다 지나치게 많이 잡혔던 까닭에 공사진도율을 한 번 전체적으로 수정한 적이 있었다.

그러면 어떤 식으로 관리하여야 가장 정확한 진도율을 뽑을 수 있을까? 경험에서 나온 가장 손쉬우면서도 결과적으로 가장 정확한 공사진도의 측정방법을 설명해 보겠다. 예정된 총 건설투자비를 토목 시공, 설치 시공, 설비 구매, 설계, 감리, 기타로 나눈 후(각 업체와의 계약체결금액으로 나누면 된다), 기성을 지급한 만큼 공사진도율로 잡는다. 이렇게 해보니 준공할 때까지 공사진도율을 거의 정확히 뽑을 수가 있었다. 너무 단순한 방법이 아니냐고? 단순하지만 가장 정확하다. 왜냐하면 건설업자나 설치회사들은 돈을 준 만큼 일하기 때문이다.

④ 진도보고

종합공정진도에 대하여는 매월 '월간 진도보고서'라는 것을 작성하여 한ㆍ중 각 투자자, 합작회사, 각 시공자, 감리 회사에 배부하여 현재의 공장건설 진척상황을 공유하도록 하는 것이 좋다. '월간 진도보고서'내에는 다음과 같은 내용을 기재한다.

참고 (월간 진도보고서 양식)

> 1. 사업개요
> 2. 현장현황
>   - 각 건축물 건설 진행 상황
>   - 현장 배치도
> 3. 추진 경위
> 4. 건설진도현황
>   - 각 시공사 조직표
>   - 각 시공사별 당월 주요건설 실적

− 각 시공사별 익월 주요건설 계획

− 설비계약 및 도착 현황

− 인허가 처리현황

− 당월 발생 문서현황

5. 설계회사 및 시공도면 현황

− 설계회사 조직

− 당월 이전 기 제출도면목록

− 익월 이후 제출도면계획

6. 당월 주요 공사현황 사진

7. 당월 일별 날씨 현황

⑤ 공정회의

공기 내 공사완성을 위하여 아래와 같이 발주자가 주관하에 각 시공자들이 참여하는 회의를 정기적으로 개최한다.

1. 통합공정회의

발주자의 현장감독 주관으로 전 시공자 현장 담당자가 참가하여 매일 아침 개최한다. 주요 회의내용은 전일 시공량, 당일 시공계획을 발표하고 발주자에 대한 긴급요구사항이나 공사과정 중의 문제점 등을 논의한다. 시공자는 매일 공정보고서를 작성하여 발주자에게 제출한다.

2. 매일내부회의

발주자(외상투자기업)는 매일 자체적으로 내부 회의를 개최하여 '통합공정회의'에서 논의된 사항에 대하여 내부적으로 보고 · 결정한다.

　원래 중국에는 단순한 시공일정 확인 작업 외에는 이렇다 할 공정관리라는 것이 없기 때문에 중국건설현장에서 유난히 고집 센 중국인 건설업자들을 대상으로 공정관리를 한다는 것은 쉬운 일은 아니다. 공정관리를 한다는 것은 문서관리를 하는 것과 더불어 중국건설업계의 양대 난점 중에 하나이다. 경험으로 미루어 보았을 때, 최고의 공정관리란 가능한 한 문서는 적고 간결하게, 토론은 많이 하는 것이다. 다시 말해 시공자에게 요구하는 자료는 가능한 줄이고 회의는 늘려 시공자들로부터 자발적으로 문제를 파악하고 해결책을 도출하게 해야 한다.

중국산 제품이 우리나라 제품에 비하여 전반적으로 품질이 다소 떨어진다는 것은 주지의 사실이다. 산업 전반에 걸쳐 정도의 차이는 있지만 냉정하게 말해서 그것이 중국산업의 현주소라고 할 수 있다. 이는 불과 몇 년 전만 하더라도 우리나라 제품의 품질과 일본 제품의 품질에 현격한 차이가 있었던 것과 마찬가지 현상이다. 당시 일본 제품 품질이 우리나라 것보다 우수할 수 있었던 원인은 다름 아닌 제품 제조 과정과 완성 후의 품질검사가 아주 철저했기 때문이다. 바꾸어 말하자면 지금 중국 제품의 품질이 떨어지는 이유는 제도적으로 이를 엄격하게 통제하지 않는 데 있다고 하겠다.

내가 근무하고 있는 합작회사의 실례를 한 가지 들어보면, 우리 합작회사에는 난방용 온수를 공급하는 '이중보온관'이라는 보온 파이프가 있다. 한국에서 현물출자 하였던 이중보온관의 경우 파이프 양쪽 입구는 플라스틱 보호 캡으로 단단하게 밀봉되어 빗물이나 어떠한 이물질도 침투하지 못하므로 공사 이전의 파이프 내의 부식을 철저히 방지할 수 있었다. 또한 파이프 끝단을 30센티미터 이상의 비닐로 감싸고 다시 테이프로 밀봉하여 보온재의 습기침투를 철저하게 방지하였다. 반면 동일한 규격의 중국산 이중보온관은 파이프 양 끝단의 플라스틱 캡 따위는 아예 없고 보호처리라고는 파이프 내의 빗물침투를 막기 위하여 흔히 주방에서 사용하는 비닐 랩으로 한 번 뒤집어씌운 것이 전부다. 우리 합작회사에서는 이러한 결점을 지적하여 반품을 지시하였으나 생산업체는 중국 규정을 증빙으로 제출하며 그렇게 처리한 방식이 중국 표준에 합격되는 것임을 증명하였고, 우리는 울며 겨자 먹기로 납품을 받았다. 그러나 파이프 양 끝단을 랩으로 처리한 중국제 이중보온관은 현장에서 하차와 동시에 전부 찢어져 설치되기 전까지 보온 재료가 엄청난 양의 빗물을 흡수하는 등 숱한 문제를 야기시켰다. 현장 중국인 시공자 감독들이 한국산 이중보온관 양 끝단에 플라스틱 보호캡이 씌워져 있는 것을 보고 모두들 감탄하면서도 중국산 제품을 이와 같이 처리하는 것은 단가문제 때문에 현실적으로 불가능하다고 입을 모으는 것을 볼 때, '아직 중국 제품의 수준은 멀었구나' 하는 생각이 들었다. 그렇지만 중국에서 수입 원자재만을 고수할 수는 없는 노릇이므로, 중국에서 품질검사와 관련된 주요 기관과 증명서에 대하여 짚고 넘어가고자 한다.

① 제품 품질을 증명하는 세 가지 증명서
　— 생산허가증(生産許可證)
　　　이것은 국가에서 발행하는 것으로 제조업자가 해당 제품을 생산할 수 있는지의 능력여부를 판단하는 기준이 된다.
　— 산품합격증(産品合格證)
　　　이것은 생산된 기자재의 품질이 표준에 합격하는지의 여부

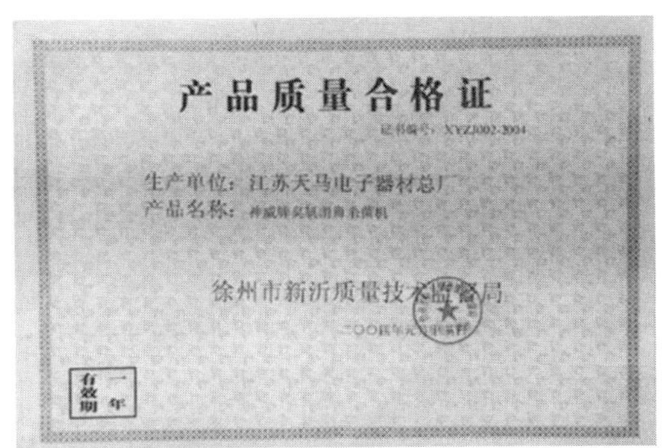

❂ 설비품질합격증

를 확인하는 기준이 된다. 표준에는 국가표준(GB), 성표준, 기업표준의 세 종류가 있는데 일반적으로 외자기업은 국가표준을 요구하는 것이 좋다.

— 산품출고증(産品出庫證)

이것은 현장에 도착한 제품이 확실히 계약 체결한 제조업체에서 출고된 것인지 아니면 제조업체가 하청을 주어 제작한 것인지 확인할 수 있는 근거가 된다.

② 설비 제품에 대한 전문기관 검사

외자기업을 보면 일반적으로 공장에 가장 많이 설치하는 것이 보일러다. 보일러의 경우 관할 노동국 산하 보일러 검사실의 검사를 받아야 하며, 기타 압력용기는 관할 노동국 고압용기 검사국의 검사를 받는다. 크레인, 호이스트, 대형 저울의 경우, 관할 계량검사국의 검사를 받는다. 기타 정밀 검사를 요하는 설비는 반드시 외부 전문기관의 품질정밀검사를 받아야 한다.

③ 토목 건설공사에 대한 품질검사

건설기간 중 토목분야의 품질검사는 해당지역 '건설감리유한공사'가 수행한다. 이들은 토목의 각 시공부분별로 품질검사를 실시하고 합격여부를 판정하며 문제점이 발생할시 발주자, 시공자, 감리회사, 설계회사와 협의 후 문제 해결 방안을 모색한다. 일반적으로 감리회사는 매월 발주자에게 감리보고서를 제출한다. 반면 설치분야 품질검사는 공장의 종류에 따라 품질검사 수행기관이 다르므로 어느 기관이 업무를 전담하는지 확실히 알아두어야 한다.

Chapter 12

중국에서 성공할 수 있는 사업아이템들

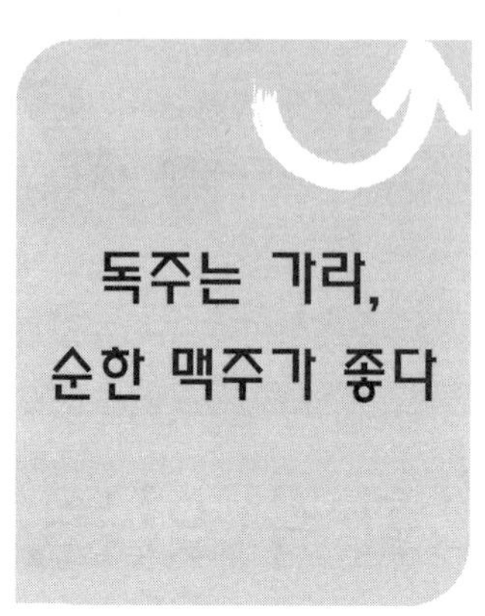

독주는 가라,
순한 맥주가 좋다

1980년대 초, 내가 대입학력고사를 치른 후, 발표가 난 다음날의 일이다. 고등학교 선배 한 명이 나를 이끌고 종로 2가로 나갔다. 합격기념으로 술을 마셔야 한다면서 당시 새롭게 유행하던 술집으로 나를 데리고 갔다. 머리털 나고 처음 술집에 가본 내가 내부 인테리어가 다른 곳과 어떻게 다른지 알 턱이 없었다. 그때 들어간 술집은 그 당시 한창 뜨고 있던 'OB베어'라고 불리던 호프집의 원조였다. 아예 의자 따위는 없었고 통나무를 반으로 길게 쪼개어 가슴 높이까지 올라오게 만들어 놓은 탁자가 실내 장식의 전부일 정도로 내부 인테리어가 간단했다. "다른 술집도 이런 식으로 되어 있어요?"라는 나의 질문에 "촌닭 같은 소리 좀 하지 마라. 이게 요즘 유행하는 생맥주집이라는 거야"라며 자기가 그 가게 사장이라도 되는 것처럼 큰소리를 치는 선배의 모습에 속으로 웃음을 지었던 기억이 난다.

우리나라 사람들이 맥주를 커다란 잔에 꽉꽉 눌러 담아 마시는 버릇이 대대적으로 유행하기 시작한 것이 아마 1980년대 초부터가 아닌가 싶다. 처음에는 'OB베어'로 시작한 이런 업소는 'OB부어', 'OB타운', '비어타운' 등의 아류를 낳기 시작하더니 나중에는 레벤호프, 독일호프 등의 '호프집'으로 정착되었다. 그래서 이제 우리나라에서는 '호프집'이라는 단어가 맥주를 파는 업소의 대명사로 굳어진 것이다.

현재 중국은 맥주 생산량, 소비량 모두 세계 1위를 차지하고 있다. 하기야 워낙 인구가 많으니까 그럴 수밖에 없을지도 모르겠다.

중국인들의 맥주 사랑은 회식 풍습의 변화에서도 기인한다. 회식 자리에서 중국인들이 코가 삐뚤어지도록 거나하게 먹고 마시는 것은 이미 옛날이야기이다. 요즘 젊은 친구들은 간단하게 한잔 하고 2차로 노래방에 가든지 마작을 한판 두러 가기 때문에 독한 바이주(白酒)를 꺼려하고 도수 낮은 맥주를 많이 찾는다. 한 마디로 중국 젊은이들도

○ 호프집 쌍용(双龍)

약아져서 술을 마시더라도 점점 낮은 도수의 술을 찾게 되었다. 중국 젊은이들 중 25세 이하는 거의 맥주만 찾는다고 해도 과언이 아니다. 그러니 맥주의 소비량이 폭발적으로 늘어날 수밖에 없다. 그런 의미에서 조만간 중국에서 우리나라에 즐비한 '호프집' 형태의 맥주집을 차린다면 확실히 히트할 것으로 보인다.

이미 북경이나 상해에 우리나라 스타일의 호프집이 선을 보이고 있다. 북경 오도구(五道口)에 있는 '펄스(PULSE)'라는 호프집이나 독일의 기술을 들여와 흑맥주를 판매하는 '쌍용(双龍)'이 그렇다. 이런 가게들은 외국인들이 투자를 하였거나 독일이나 일본, 우리나라 등지에서 보고 배워간 중국인에 의해 만들어진 것이다. 하지만 분위기 자체를 워낙 고급스럽게 해놓고 비싸게 받아 돈이 많지 않은 중국 젊은이들은 들어갈 엄두를 내지 못한다. 이 대목이 우리나라 호프집과 가장 큰 차이점이다. 그렇다면 좀더 저렴하고 대중적인 생맥주집은 없을까? 있긴 있다. 대체로 중국음식을 파는 스낵코너에서 곁다리로 파는 경우가 해당된다. 보통 빌딩의 1층에 이런 스낵코너들이 많이 있는데 언제나 사람들로 붐비고 시끌벅적해 조용히 분위기 잡아가며 맥주를 마신다는 것은 엄두도 못 낼 소리다. 북경에서 많이 발견할 수 있는 '꼬치구이집'도 있다. 이런 가게는 저렴한 가격에 꼬치구이와 생맥주라는 아이템을 하나로 묶어서 젊은이들을 유혹한다. 양고기 꼬치구이는 우리나라 사람들이 돼지갈비 먹듯이 중국인들이 즐겨 찾는 음식 중의 하나로, 꼬치구이에 생맥주를 곁들여 먹으면 일품이다. 그러나 분위기면에서 보자면 영 꽝이다. 우리나라 도심 어느 뒷골목에 있는 돼지갈비 집처럼 언제나 연기와 고기 굽는 냄새로 가득 차 있기 때문이다.

이처럼 중국에서 시원한 맥주를 좋은 분위기 속에서 마실 수 있는 장소는 그리 흔치 않다. 기껏해야 식사 위주의 식당이나 아주 시끌벅적한 선술집이 대부분인 셈이다. 단란주점이야 어딜 가든지 즐비하게 있지만 맥주 전문점은 거의 없다시피 하다. 중국의 젊은이들에게 1인당 적어도 300~400위안(약 45,000~60,000원)씩 들어가는 단란주점보다 훨씬 저렴하면서도 마음 놓고 맥주를 마실 수 있는 독특한 분위기의 호프집을 제공하여 보면 어떨까. 이것은 분명 젊은이들에게 좋은 휴식 공간이 될 것이다. 상다리 부러지도록 음식을 주문하여 음식낭비, 돈 낭비 할 필요도 없고 환한 조명과 수많은 사람들의 왁자지껄떠드는 소리 때문에 서로간의 중요한 대화를 못하는 경우도 없을 테니까.

다만 주의할 것이 하나 있다. 중국에서 호프집을 차리려면 어느 특정 맥주회사를 끼고 전문적으로 그 맥주를 팔아야 한다는 것이다. 왜냐하면 중국에는 가짜 술이 워낙 판을 치므로 의심 많은 중국인들이 병에 상표가 붙은 맥주도 진짜인지, 가짜인지 확인하는 판국에 500cc 잔에 잔뜩 담겨 나오는 맥주가 마셔도 괜찮은 것인지를 의심하지 않을 리가 없기 때문이다. 내가 제안하고 싶은 것은 '버드와이저', '칭다오 맥주' 등 유명 메이커로부터 지원을 받아 간판에서부터 그 회사 상표를 그려 넣고 생맥주와 병맥주를 모두 갖춰 손님이 원하는 대로 제공하는 방법이다. 병맥주를 제공하는 이유는 생맥주가 진짜인지 가짜인지 못 믿어 아예 마시지 않는 사람들도 있는 까닭이다. 안주는 중국인들이 평소 즐겨 먹는 요리에다 매콤한 우리나라 음식도 곁들이면 효과 만점일 것이다.

그럼 여기서 좀더 매상을 올릴 수 있는 방법을 생각해보자. 좀 규모가 있게 뮤지컬을 공연하는 호프집을 운영해 보는 것은 어떨까? 유명한 뮤지컬의 하이라이트 부분을 손님이 가장 많이 오는 시간대를 정하여 하루에 30분 내지는 1시간씩 공연을 하는 것이다. 중국인들은 '소품(小品)'이라고 부르는(우리로 말하자면 '개그') 단막극을 아주 좋아한다. 이것을 공연하는 호프집이 있다면 금방 장안의 화제가 될 것은 불문가지의 일이다. '경극'도 좋다. 중국 손님들의 발길을 끌어올 만한 것으로 경극만한 것도 드물다. 경극이란 예전에 장국영이 주연하여 히트했던 홍콩영화 '패왕별희'의 배경이 되었던 중국의 전통극을 말한다. '패왕별희'를 보면서 주인공 장국영이 기이한 분장을 하고 소프라노의 목소리로 부르는 노래를 들으며 신비감마저 느꼈던 독자들도 있을 것이다. 중국인들은 경극을 무척 즐기기 때문에 전통적인 경극 공연장소가 도시 곳곳에 있으며 보통 작은 극장 형태로 되어 있는 경극 공연장에서는 차를 판다. 손님들은 차 맛을 음미하면서 경극을 감상하는데 이것을 호프집에서 생맥주를 마시면서 감상하는 것으로 바꿔보면, 그 효과가 어마어마할 것 같다. 경극 배우들은 쉽게 찾을 수 있다. 중국에서는 '극단'이라 하여 소품과 경극을 공연하여 밥 먹고사는 사람들이 많다. 내가 살았던 진황도만 하더라도 그런 극단이 몇 개나 있었을 정도이니 배우를 수급하는 데는 별다른 문제가 없으리라. 하루가 다르게 가파른 경제성장을 거듭하고 맥주 소비량이 폭발적으로 늘어나고 있는 중국에서 머지않아 우리나라 호프집과 같이 맥주를 전문적으로 파는 형태의 업소가 양고기 꼬치구이집을 대신하여 맥주집의 대표가 될 것이라는 것은 예상하기 그리 어렵지 않다.

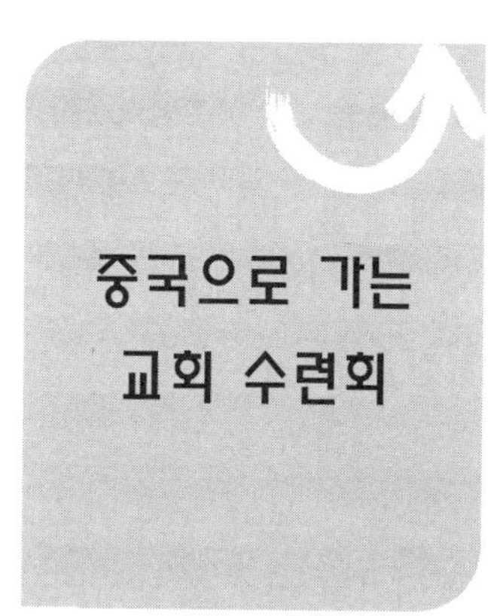

나는 기독교 신자이다. 내가 예전에 다녔던 교회는 우리나라에서도 웬만한 사람들은 다 알만한 제법 큰 교회이다. 그 교회는 1990년대 중반부터 중국 연길 시에다 신학대학을 설립하려고 오랜 세월에 걸쳐 부단한 노력을 기울였으나 결국 성사시키지 못하였다. 당시 나는 "그게 뭐 그리 어려운 일이라고 학교 하나 설립하지 못하나?" 하고 일을 맡아 추진했던 사람들의 무능함을 비아냥거렸는데 내가 직접 중국에 가서 살아 보니 중국에서 신학대학을 만드는 일은, 그것도 외국인이 설립한다는 것은 거의 불가능하다는 점을 인정할 수밖에 없었다. 중국 정부가 종교 활동을 인정한다고는 하지만 본시 이 나라의 기본 사상이 공산주의에 입각해 있는 까닭에, 외국인이 들어가서 정통 기독교를 바탕으로 하는 교육기관을 만든다고 하면 고운 눈으로 바라볼 리 없을뿐더러, 우리 동포들끼리 단합하고 뭉치는 자체를 절대로 용납하지도 않는다.

언젠가 중국 길림성 연길 시가 주최하여 우리나라의 유명가수들을 초청, 중국동포 위문공연을 계획한 일이 있었다. 당시 이 공연을 보려고 수만 명의 우리 동포들이 공연장에 운집하였다. 중국 정부는 처음에 공연 허가를 흔쾌히 내주었다가 공연 시작 30분 전에 갑자기 공연 취소 명령을 내렸다. 나중에 알려진 바로는 중국 정부에서 구름떼처럼 몰려드는 우리 동포들을 보고 혹시 반정부 시위라도 벌이지 않을까 지레 겁을 먹고 공연 취소 결정을 내렸다 한다. 단순히 대중가요가 듣고 싶어, 동포 가수가 보고 싶어서 모인 사람들에 대해서도 이런 민감한 반응을 보이는 중국 정부가 정신적 응집력이 대단히 강한 종교 활동을 허용하고, 게다가 교육기관을 만들게 허락할 리가 만무하다. 안 그래도 중국사회에서는 우리 민족이 단합 잘 하기로 정평이 나 있는 판에는 더더욱 그러하다.

그럼 어떻게 하면 중국 땅에 들어가 중국 정부의 비위를 건드리지 않고 나름대로의 종교 활동을 할 수 있을까. 그래서 내가 생각한 것이 바로 중국에다 교회 수양관을 짓는 방법이다. 우리나라에 있는 수많은 교회들은 여름과 겨울철에 교회 내의 각 모임별로 수련회를 떠난다. 수양관이 있는 교회들은 그때마다 수양관에 모여 수련회를 갖고 수양관이 없는 대부분의 교회들은 조용하면서도 공기 좋고 물 맑은 시골을 찾아가서 자연 속에서 종교 활동을 하고 온다. 지금까지 이렇게 국내에서만 이루어졌던 교회 수련회를 중국으로 가보자는 것이다. 경비 면에서 보자면 중국은 해외여행 중에서 가장 싸게 먹히는 나라이다. 비행기 대신 페리호를 이용하면 더욱 저렴하다. 인천에서 떠나는 페리호는 중국의 진황도, 대련, 천진, 청도, 위해, 단동 등지로 직접 연결된다. 바로 이런 도시의 변두리 지역이나 해변에 교회 수양관을 짓는 것이다.

중국에서는 외국인들도 부동산 사용권 매매가 허용되기 때문에 충

○ 중국 진황도의 한인교회 전경

분히 수양관을 설립할 수 있다. 건물을 새로 신축하기보다는 기존의 건물을 구입하여 여름 별장식으로 개조하면 좋을 것이다. 지역 안전국과 공안국에 신고만 하면, 중국인을 배제한 외국인들만의 종교 활동 및 주일예배는 얼마든지 가능하다.

내가 두 번째로 중국파견을 나온 지금, 나는 중국 공안국에서 한국인 교회에 대하여 어떻게 관리하는지 뼈저리게 느꼈다. 내가 사는 진황도에는 한국인들이 다니는 교회가 두 군데 있었다. 하나는 번듯한 건물을 임대하여 교인도 제법 있는 교회이고, 다른 하나는 가정에서 예배를 보는 성도가 몇 안 되는 가정교회였다. 나는 어느 교회로 갈 것인가 망설이던 차에, 마침 한 목사님이 진황도로 들어와 교회를 설립하고 싶어 하여, 나는 '그래, 기왕 중국에 나왔는데 선교하는 차원에서 목사님 도와 개척교회 한번 만들어 보자'라는 생각으로 목사님을 도와 새 교회를 하나 설립하였다. 목사님은 한국에서 오랜 목회활동을 해온 터라 능력이 많으셔서 성도들이 순식간에 늘었다. 그런데 여기서 만족하고 천천히 교회를 키워가면 될 것인데, 목사님은 교회를 빨리 키울 목적으로 중국에서 법으로 금지하는데도 불구하고 예배에 중국인들도 참여하는 것을 눈감아 주었고, 부흥회 등 특별행사를 할 때면 중국인들을 대거 초청하였다. 그러던 어느 날, 그때까지 조용히 있던 관할 공안국 외사처 과장이 목사님을 찾아와 여권을 압수해 가더니 그의 체류비자에 도장을 찍었다. 강제추방령이었다. 목사님은 일주일을 못 넘기고 한국행 페리호를 탔다. 그리고 교회는 그 즉시 문을 닫았다. 조용히 예배를 잘 보던 또 다른 가정교회 목사님도 덩달아 강제추방을 당했다. 또 다른 버젓한 교회의 목사님은 평소 관할 공안국과 친하게 지내 아무런 여파를 받지 않고 지나갈 수 있었다. 이처럼 중국에서 외국인이 교회를 유지하려면 외국인들끼리 집회하는 기본방침을 철저히 지켜야 한다. 그렇게 하면서 관할 공안국 외사처 담당자와 평소 식사 한 끼씩 한다면 그러한 여름별장식 수련관을 가지고 있어도 큰 탈은 없다. 수련관을 중국 동부해안 도시에 마련해 놓는다면, 한국에서 오는 교인들이 거기서 교육도 받고 해외여행도 하니 수련회로는 이보다 더 좋을 수가 없다. 그뿐만이 아니다. 수양관 설립은 중국에 앞으로 진행될 선교상의 거점을 만든다는 의미도 갖고 있다. 중국인들 성격에 걸맞게 서두르지 않으면서 지역주민들과 조금씩 유대관계를 갖고 어떠한 형태로든지 지역사회 발전에 보탬을 준다면 제 아무리 무뚝뚝한 공안국이라 해도 교회 수양관이 뿌리 내리는 것을 막지는 못할 것이다. 길림성 용정에 가보면 우리나라의 모 교회가 들어가서 설립한 양로원이 있다. 그 지역 중국인들의 양로복지사업의 일익을 담당하니 선교사업 역시 자연스럽게 활성화되고 있다. 중국인들의 사회 복지를 위하여 일하겠다는데야 누가 말리겠는가. 진황도에 아직까지 잘 유지되고 있는 그 유일한 한국인 교회는 물론 공안국하고도 관계를 잘 유지하고 있었지만, 한편으로는 진황도에 있는 양로원을 열심히 돕고 있다.

중국에 들어가서 성공한 기업들의 공통점을 가만히 살펴보면 하나같이 지역사회 발전에 공헌한 바가 크다는 점이 눈에 띈다. 돈 버는 것도 중요하지만 중국인들을 위하여 노력하고 봉사하고 있다는 사실을 중국인들로부터 인정받으면 아무리 중국법상으로 규제된 일이라고 해도 물 흘러가듯이 아주 순탄하게 추진해 갈 수 있다.

교회 수양관만이 아니라 일반 기업체 연수원을 위한 장소로도 중국은 매우 적절하다. 투자를 통한 가치창출이 가능하므로 이윤을 목적으로 하는 기업체 입장에서는 일석이조의 효과를 볼 수 있는 것이다. 중국의 토지 매매는 그 소유권을 주는 것이 아니라 사용권을 주는 방식으로 이루어지며 사용기간 내에는 얼마든지 매매가 가능하다. 지금 중국의 해안선을 따라 개방된 도시들의 땅값은 하루가 다르게 상승하고 있으니 축구장이나 야구장까지 딸린 연수원을 지어 10년 또는 20년 후를 바라본다면 그 가치는 대단할 것이다. 일례로 안양이 근거지인 우리나라의 어느 대기업 통신회사는 30여 년 전 처음 합작하였던 독일기업의 강력한 주장에 따라 울며 겨자 먹기로 당시 공장 부지 내에 공장만한 크기의 큰 축구장을 건설했다. 건립 당시에 그 축구장은 아주 쓸모없는 천덕꾸러기였지만, 나중에 합작회사가 빚더미에 올라앉아 공장 부지를 팔기로 결정했을 때, 회사의 모든 빚을 청산하고도 남아 다른 지방 공장지대로 이전할 수 있도록 하는 자금의 원천이 되어 효자노릇을 톡톡히 했다.

중국의 해안선을 따라 개방된 14개 도시를 비롯한 대도시의 땅값은 상당히 빠른 속도로 치솟고 있다. 진황도만 하더라도 내가 처음

파견 나올 1996년 당시 222평(1묘, 畝)당 5,000위안(약 75만원) 하던 것
이 22년이 지난 지금은 20만 위안(약 3,000만원)을 호가하고 있다. 값
이 오를 대로 오른 국내의 땅을 사서 거기다가 수양관이나 연수원 지
을 계획이라면 한번쯤 중국으로 진출하는 것도 고려해볼 만하다. 싼
땅값과 투자가치를 염두에 둔다면 그렇다.

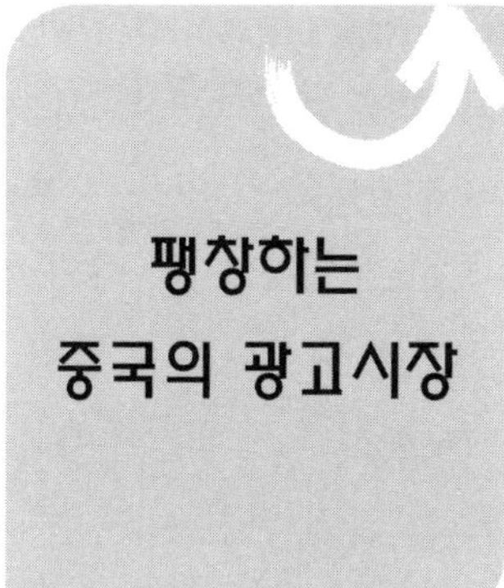

내가 처음 중국에 간 것은 1995년 2월이다. 산동성 청도 국제공항에 내려 시내로 들어가면서 차창 밖으로 펼쳐지는 청도의 풍경 중에서 눈에 가장 많이 띄었던 것은 수많은 자전거 행렬도, 지저분한 거리 풍경도 아니었다. 하지만 내 입에서 "뭔 놈의 것이 없는 데가 없네"라는 소리가 나올 정도로 거리에 널려 있던 것은 바로 벽마다 써놓은 선전 문구였다. 길가에 담장만 있다고 하면 마치 어린 애들이 뭐라고 잔뜩 낙서를 해놓듯이 한 군데도 빠짐없이 붉은 페인트 글씨로 '전국 각 민족 인민 대단결 만세!' '전국 인민 총동원! 창건 국가위생성!' 등 관계당국 시책을 강력하게 독려하는 선전 문구들로 가득 차 있었다. 나는 그때 '중국 너희들이 아무리 외국 자본을 받아들이고 개방정책을 펼친다고 하지만 사회주의인 것만큼은 어쩔 수 없구나'하고 뇌까리며 그들만의 독특한 사회 분위기에 쓴웃음을 금치 못했다. 방문하기로 예정되어 있던 청도 발전소에 도착하여 보니 눈에 띄는 것이 하나 더 있었는데 그것은 다름 아닌 건물 현관에 놓여 있는 칠판이었다. 그 칠판에도 '열렬환영 한국동지! 일로순풍 합동협의!'라고 계약 협상을 하러 온 우리 일행을 반기는 문구를 형형색색의 분필로 온갖 멋을 다 부려 써놓았다.

그로부터 4년 후, 다시 청도 발전소를 방문하게 되었다. 4년 만에 찾은 청도는 여러 모로 탈바꿈을 하였다. 첫눈에도 도시환경이 아주 깨끗해졌다는 것을 알아볼 수 있었고 좀더 주의 깊게 살펴보니 옛날에 그 많던 선전문구들이 거의 눈에 띄지 않았다. 이전에 선전 문구가 쓰여 있던 대형 빌보드 간판에는 전부 기업광고가 자리를 차지하고 있었다. 대단한 변화였다. 불과 몇 년 사이에 밀려온 강력한 자본주의의 힘이 구태의연한 정부 시책을 알리는 선전 문구를 밀어내 버린 것이다. 청도 발전소에도 변화가 생겼다. 자기들 딴에는 멋을 부렸다고 하지만 아무리 봐도 촌스러웠던 현관의 칠판은 없어지고 대신 그 자리에는 우리나라식의 게시판이 들어서 있었다. 거기에는 회사의 각종 공고문과 컴퓨터 판매 광고지가 붙어 있었다. 청도 발전소의 명당자리도 컴퓨터 광고에게 자리를 내준 셈이었다.

그리고 내가 청도를 처음 방문한 지 12년 후인 2007년, 나는 다시 청도를 찾았는데 그 발전소 주변은 엄청나게 달라졌다. 청도 해변의 중심이 되어 주위에는 고급 아파트, 까르푸, 일본 선샤인 빌딩 등이 즐비한 어마어마한 다운타운으로 발전하였다. 곳곳에 광고판으로 즐비하였다. 더욱 놀라운 것은 발전소 건물에도 커다란 옥외 빌보드 광고판이 걸려 있었다.

북경을 비롯한 중국의 대도시에서 옥외 광고간판은 쉽게 접할 수 있는 광고매체가 되었다. 그러나 아직까지도 눈여겨 살펴보면 중국에는 광고를 할 자리들이 많이 비어 있다. 예컨대 북경 — 심양 간 고속도로 주변에는 초대형 광고판들이 많이 들어서 있다. 하지만 많은

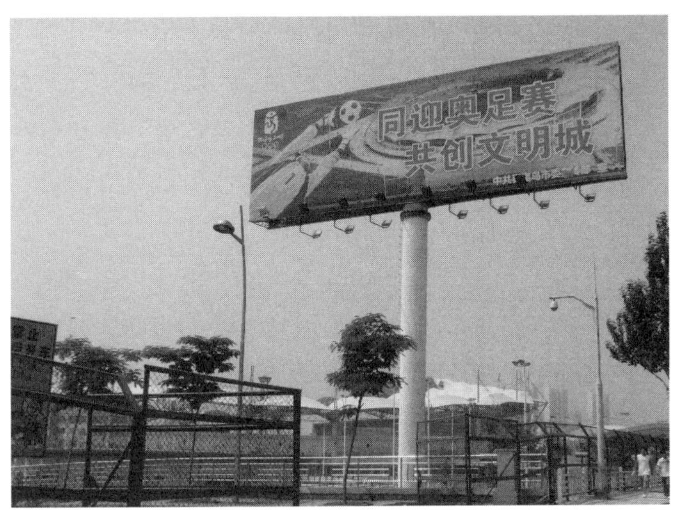

● 중국의 옥외 광고간판

자리가 비어 있고 거기에는 광고 대신 광고를 희망하는 기업의 연락
을 기다리는 휴대폰 번호가 크게 써 있다. 내가 잘 아는 중국인이 바
로 경심(북경 − 심양)고속도로 주변 광고탑을 총괄하는 중국 국영 광
고기업 사장인데 이 사람은 나만 보면 "한국 회사들 고속도로 주변
광고하라 그래요, 효과 만점입니다"라는 것이다.

　광고는 결국 아이디어 싸움이다. 참신한 아이디어로 광고에 대해
서는 미개척지나 다름없는 중국에 진출하여 새로운 시장을 개척해
보자. 이런 아이디어 광고는 어떨까? 전화번호를 몰라 114에 문의할
경우, 수화기를 붙들고 한참을 기다려야 할 때가 있다. 특히 114에 문
의 전화가 쇄도하는 시간대에는 이런 현상이 더욱 심한데, 사람들은
이제나 저제나 교환수의 목소리가 나올까 하고 수화기를 귀에 바짝
대고 신경을 곤두세우곤 한다. 바로 이때, 머릿속에 쏙쏙 들어오도록
기업광고를 내는 것이다. 또 하나는 많은 사람들이 자신의 휴대폰에

컬러링을 한다. 컬러링이란 잘 알다시피 다른 사람이 나에게 전화를 했을 때 전화벨소리 대신 자신이 선곡한 음악을 들려 주는 것이다. 이때 광고를 나가게 하는 것이다. 그 대신 그런 광고를 선택한 사람은 통신비 할인혜택을 주는 것이다. 중국에서 이런 사업을 한다면 인구에 비례하여 많은 사람들이 들을 수 있을 것이다.

대다수의 사람들이 필시 그러리라 생각하지만 나 같은 경우 엘리베이터를 타면 아무런 생각이 없다. 그저 층수를 나타내는 불빛만 열심히 바라볼 뿐이다. 바로 이때 광고를 내보내는 것이다. 엘리베이터를 타고 있을 때 스피커를 통하여 들리는 광고는 내리기 전까지는 어쨌든 들을 수밖에 없는 것이다.

내가 중국에 살면서 운전을 하다가 가끔씩 기분 좋을 때가 있었다. 그것은 다른 것이 아니라 운전을 하다가 거리에서 우리나라 컨테이너를 만날 때이다. 'HYUNDAI', 'HANJIN'이라고 쓰여 있는 컨테이너를 실은 화물차가 지나가면 나도 모르게 "야, 우리나라 꺼다!" 하고 소리를 지르고 싶고 괜히 기분이 좋아진다. 한국 사람이 별로 살고 있지 않은 외국에서 이런 한국 국적 컨테이너와 우연히 마주치게 되면 마치 오지에서 한국인을 만난 것처럼 즐거운 기분이 든다. 그러한 우리나라 컨테이너들은 분명 세계 방방곡곡을 누비고 다닐 것이다. 그러면 이런 컨테이너에다가 그저 'HYUNDAI', 'HANJIN'이라고만 쓰지 말고 기업광고를 달면 어떨까? 이것이 광고법상 가능한 일인지는 모르겠지만 움직이는 광고판으로는 제격이 아니겠는가. 예컨대 '현대' 컨테이너 같으면 한 면에다가 현대자동차 광고를 집어넣는 것이다. "세계를 달리는 자동차, 쏘나타!"라고 멋지게 달리는 쏘나타 사진까지 그려져 있다면 금상첨화가 아닐까. 그 컨테이너는 중국도 가고 일본도 가고 미국도 가니 정말 세계를 달리는 쏘나타 자동차 광고가 되는 것이다.

'블루오션'은 대단한 것이 아니다. 일상의 틈바구니에서 남들과 다른 유연한 발상을 가지고 접근할 때, 똑같은 현상도 새로운 시장을 창출하는 수단이 되는 것이다. 중국 시장에는 아직도 실현되지 않은 아이디어들이 많고 규모가 큰 만큼 틈새를 찾기도 쉽다. 참신한 아이디어만 있다면 중국 광고시장에서 얼마든지 성공할 수 있다.

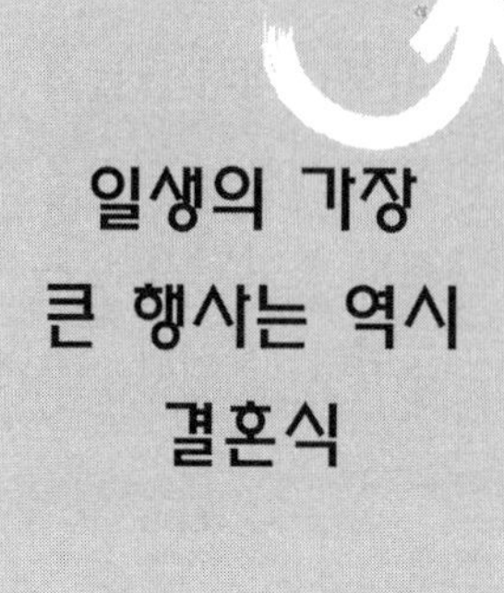

일생의 가장 큰 행사는 역시 결혼식

중국인들은 결혼식을 식당에서 한다. 우리나라처럼 전문 결혼식장에서 15분 만에 후닥닥 해치워 버리는 그런 결혼식을 하는 것이 아니라 식당에서 결혼식도 하고 식사도 하고 술도 마시고 노래도 부르면서 진행을 하는데, 한 마디로 도떼기시장 같다. 그래서 결혼시즌만 되면 좀 유명한 식당들은 주말마다 결혼식 손님을 치르느라 바쁘다. 그런데 내가 보는 입장에서는 식당에서 하는 결혼식은 어딘지 결혼식 맛이 안 나는 것 같다. 마치 누구 아들 돌잔치나 부모 회갑연에 간 기분이 들기 때문이다. 그래도 결혼식은 결혼식다워야 할 것 아니겠는가! 무엇인가 신랑 신부만을 위한 설비라든지 무대가 있으면 신랑 신부들은 더욱 빛이 날 것이다. 그러기 위해서는 중국에서도 전문 결혼식장이 필요하다. 이들의 습관이 밥을 먹으면서 결혼식을 봐야 한다고 할 것 같으면 그런 특성을 십분 살린 전문 예식장을 만들면 되는 것이다.

1990년대, 한창 내 친구들이 결혼식을 올릴 때의 일이다. 한 친구가 지방에서 결혼식을 한다기에 그곳까지 내려간 적이 있었다. 나는 그곳 예식장에서 생전 보지도 못한 희한한 설비를 보고 깜짝 놀란 적이 있다. 사회자가 "신랑입장!"을 알리자 신랑이 식장으로 들어오는데, 그냥 걸어 들어오는 것이 아니라 만면에 미소를 지은 채로 하늘에서 무슨 리어카 같은 것을 타고 내려오는 게 아닌가. 무대 사방에서는 드라이아이스 안개가 뿜어져 나와 오랫동안 산 속에서 도를 닦다가 내려온 도사가 구름을 헤치고 나타나는 듯한 분위기를 창출해 냈다. 솔직히 촌스럽기 그지없었지만 시골 어른들에게는 감탄을 금치 못할 멋진 장면으로 보였던지 사방에서 탄성이 터져 나왔다. 요즘 한국에서는 이런 식으로 신랑 입장하라고 한다면 창피해서 아무도 안 할 테지만 중국에서는 충분히 먹힐 것 같다. 왜냐하면 중국인들은 아직까지 그런 설비를 접해 본 일이 없는데다가 워낙 화려한 것을 좋아하고, 또한 우리 시각으로 '아, 뭔가 좀 촌스럽다'라고 생각되는 것이 실제 중국인들에게는 의외로 잘 먹혀들기 때문이다. 그러니 우리나라에서 이러한 기계를 흘러간 골동품으로 방치해 두고 있는 예식장이 있다면 당장 그 기계를 뜯어서 중국에 가져가 팔든지, 아니면 이런 설비를 설치하여 전문 예식장을 차리면 분명 돈 좀 짭짤하게 벌 수 있지 않을까 싶다.

중국 사람들에게 먹힐 만한 또 다른 스타일의 전문예식장을 생각해 보라면 야외 예식장은 어떨까 싶다. 오랫동안 TV나 영화를 통하여 서양인들이 잔디가 깔려 있는 멋진 정원에서 결혼식을 올리는 것을 보아온 탓인지, 중국인들도 야외 결혼식이라고 하면 선망의 눈으로 바라보는 경우가 많다. 게다가 중국의 연간 쾌청일수가 우리나라보다 몇 배나 많기 때문에 날씨에 대해서 걱정할 필요도 별로 없다. 단지 중국은 바람이 많다는 점에 주의하기 바란다. 일생에 한 번뿐인

261

결혼식 날, 신부 드레스가 바람에 날리거나 해서 채신머리 없는 모습을 연출할 수는 없는 노릇이니까 말이다. 야외 결혼식을 준비하는 이벤트 업체라면 담장을 설치하거나 나무가 심어져 있는 장소를 이용해, 바람의 영향을 최소화하는 배려가 필요하다. 최근에는 우리나라에서도 야외 결혼식이 많이 애용되고 있는 만큼, 중국에서도 멋진 장소만 제공한다면 성공할 가능성이 아주 높다고 본다. 일생에 한 번뿐인 결혼식은 중국 사람들에게도 가장 중요한 행사 중의 하나니까.

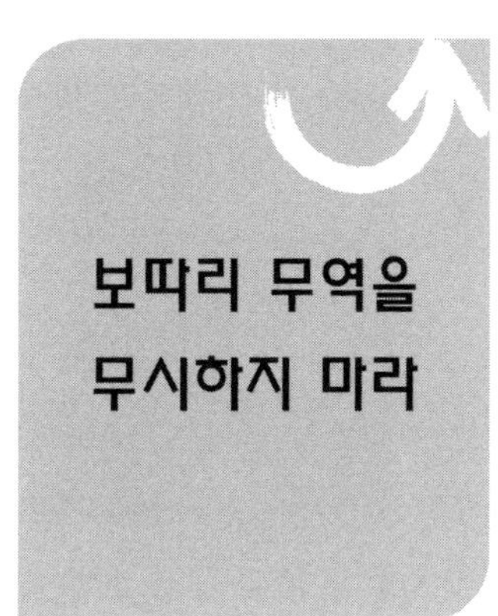

보따리 무역을
무시하지 마라

국내 경기가 아직까지 침체일로에서 이렇다 할 전환점을 못 찾고 있고, 이로 인한 실업문제는 여전히 공존하고 있다. 더군다나 현재 직장을 가지고 있는 사람들도 언제 어떻게 될지 몰라 전전긍긍하고 있는 처지이다. 또한 국내에는 프랜차이즈 체인점이나 음식점이 포화상태에 이르러 신규사업 진출도 상당히 힘든 상황이다. 소자본으로 성공 가능한 사업을 찾으려면 우선 남들이 잘 선택하지 않는 업종에 눈을 돌려야 할 것이다. 그리고 지금 국내시장은 심각한 포화상태에 놓여 있기 때문에 당연히 국내보다는 국외에서의 사업이나 취업이 절대적으로 유리한 상황이라고 할 수 있고, 이러한 관점에서 보았을 때 중국 개인무역업, 소위 말하는 보따리 무역이 미래의 전망을 밝게 하는 새로운 돌파구가 될 수 있지 않을까 한다.

보따리 무역이란 국내에서 값싸고 품질 좋은 상품들을 구입(또는 생산)하여 선박이나 비행기를 타고 중국, 일본, 몽골, 인도 등지에 직접 운반하여 높은 값에 팔아 이익을 창출하고, 마찬가지로 귀국할 때

○ 중국 진황도 항구에서 한국 인천으로 출발하려는 무역상들

에도 해당국가에서 상품을 구입하여 국내에서 판매함으로써 또 다른 이익을 창출하는 무역 방식을 통칭한다. 처음에는 손으로 들고 갈 만큼 소량의 상품을 취급하지만 시간이 지나고 경험이 쌓일수록 물량이 증가하여 규모가 큰 경우에는 컨테이너 단위로 나가기도 한다. 이러한 방식은 상품의 구입, 운반, 판매를 한 사람이 직접 실행함으로써 경비가 절감되고 수익이 증대한다는 장점이 있으며, 이러한 장점을 바탕으로 나중에 전문 무역업체 사장으로 성장하는 경우도 많다.

중국 개방 초기에 보따리 무역상들은 통상 마찰의 원인으로 지목되어 수출 품목에 제한을 받는 등 많은 어려움을 겪었다. 그러나 이제는 보따리 무역상이 벌어들이는 달러 규모가 만만치 않다. 인천항에서 중국으로 출발하는 개인 보따리상들의 물동량은 1주일에 평균 컨테이너로 200개 분량이다. 보통 컨테이너 1개는 100여 명의 개인 짐이 실리는데 금액으로 환산하면 약 1억~2억 원 정도이다. 이것을 연간으로 계산하면 약 8억~10억 달러가 되는 셈이다. 보따리 무역을 통해 수출하는 품목은 실로 다양하다. 서울 남대문과 동대문시장에서 판매하는 양말, 모자, 전기밥솥, 손톱깎이, 위성안테나 등 경공업제품들은 거의 없는 것이 없다. 여기에 국내기업이 중국 현지기업에 보내는 원단과 피혁도 가세한다. 보따리 상인들은 동대문시장 등지에 2~3개의 고정 거래처를 확보해 두고 중국을 안방 드나들 듯하면서 미리 확보해둔 제품을 싹쓸이하듯 수집한다. 이들의 무역 규모는 10년 전만 해도 옷가지 몇 벌이나 가전제품 몇 종류에 불과 했으나 지금은 기업형으로 변모하고 있다. 케니트레이드, SDS 등 중국 개인 무역을 기업화한 무역회사들도 하나둘씩 증가하는 추세다. 따라서 중국 보따리 무역은 우리나라 의류 등 불황으로 급증하는 재고를 소화시키는 방법으로 효과적일 뿐만 아니라 생산라인이 별도로 필요 없어서 단독사업으로 제격이다.

중국 보따리 무역의 일반적인 장단점을 살펴보면 다음과 같다.

우선 장점을 보자면,

① 소자본 창업이 가능하고 자금 회전율이 높다.

② 자신의 능력에 따른 수익을 극대화할 수 있다.

③ 비교적 전문지식이나 경험을 필요로 하지 않는다.

④ 실패의 부담이 적다.

⑤ 중국문물에 직접 접할 수 있는 기회가 많으므로 견문을 넓힐 수 있고 다른 사업에 대한 경험을 축적할 수가 있다.

⑥ 국가적인 차원으로는 수출증진에 도움을 준다.

⑦ 무역에 대한 노하우를 쌓고 친숙한 바이어를 만들게 된다.

단점을 보자면,

① 상품의 무게나 부피에 제한을 받고 상품 운반판매에도 한계가
   있다.
② 정보를 모르면 위험 요인이 많다.

중국은 거리상으로 가까울 뿐만 아니라 개인 무역업자들이 이용하
는 선편이 많으며 운송비가 저렴하다. 그리고 중국에서의 체제비가
상대적으로 저렴하기 때문에 영업비용이 적게 든다는 장점이 있다.
그 외에도 시장규모만 보아도 중국시장은 상당히 매력적이다. 현재
중국에는 지역 간이나 소득 계층 간의 격차가 심하다는 점에 초점을
맞출 필요가 있다. 즉 수요자의 계층이 다양하다는 것은 상품의 차별
화가 가능하고 많은 틈새시장을 가지고 있다는 것이기도 하다. 따라
서 소규모 개인 무역의 가능성도 높아진다. 그리고 중국 소비자에게
는 아직까지 우리나라 상품이 좋은 제품으로 취급되고 있는 소비자
심리가 작용하고 있다. 물론 도시의 고소득층에 있어서는 서양이나
일본 상품에 대한 선호도가 높다고 할 수 있지만 가장 넓은 수요층을
형성하고 있는 중산층에서는 한국 상품이 인기가 높다.

중국 보따리 무역을 시작할 때, 국내 상품 구입요령은 우선 상품 아
이템이 결정되면 국내 구입처를 물색해야 한다. 국내 구입처 선택에
서 가장 중요한 포인트는 가격과 품질이다. 이 두 가지 요건을 모두
갖춘 곳으로는 무엇보다 생산 공장을 들 수 있다. 그리고 비교적 가
격이 저렴하고 상품이 다양하게 구비되어 있어 상품구입이 쉬운 큰
시장이나 전문시장의 도매상을 이용하는 것도 좋다. 예컨대,

• 신발류/ 서울역주변 염천교, 청계천 7가 신발도매상가

- 액세서리/ 남대문, 동대문시장
- 가방류/ 청계천 5 · 7가, 남대문 핸드백 상가
- 주택관리용품/ 을지로 2~6가, 청계천 4가 주변, 용산 등 조명기구상가, 동대문종합시장 카펫상가, 남대문카펫상가, 방산시장 벽지골목, 청계천 3가 소방기구상가, 영등포 도기상가 등
- 기계 공구류/ 구로동 구로공구 상가, 중앙유통단지, 원효로 1가, 양평동 중고기계 매매상가 등
- 완구, 문구, 팬시류/ 남대문, 창신동, 방산 완구 및 문구상가 등
- 안경류/ 남대문안경시장
- 민속토산품 및 골동품류/ 인사동, 황학동 벼룩시장 등
- 기타잡화류/ 손톱깎이, 가죽혁대 등
- 일용잡화/ 청계천 7가 등이 있다.

처음에 시작할 때에는 중국 시장조사를 위하여 빈 몸으로 가야 한다. 시장 조사하러 갈 때 팔 상품을 들고 가면 그 물건 팔기에 정신이 팔려 진짜 조사해야 할 사항(① 잘 팔리는 상품, ② 상품의 등급, ③ 상품의 재질 ④ 가격경쟁 등)을 놓치기 쉽다. 이러한 것들을 상세히 알아보고 와서 자기가 시장조사한 자료를 바탕으로 판매할 상품을 구입해야 한다. 초보자들이 그냥 보따리(50킬로그램)을 들고 가면 실패할 확률이 대단히 크다. 이것은 수영할 줄도 모르면서 무조건 물에 뛰어드는 것과 같은 셈이다. 중국을 무역대상으로 결정했으면 상해, 북경, 천진, 진황도, 청도, 위해, 연태, 대련, 심양, 상해, 남경, 광주 등 여러 도시 중, 자기와 어울리는 지역이 어디인지 잘 결정하여야 한다. 보따리 무역에도 투자가 따른다. 먼저 시장조사를 위해 2~3회 현지에 다녀오는 데 필요한 경비를 투자하는 것이 좋다. 그리고 두 번째 중

국행 때에는 샘플을 조금 가지고 간다. 중국인들의 호응도를 알아보기 위해서이다. 그것들을 여러 가지 종합적으로 분석 비교한 결과를 토대로 시장조사를 마무리한다. 그렇게 하여 가장 이익을 많이 남길 수 있는 아이템을 골라 그것에 집중해야 한다. 아이템이 적으면 적을수록 전력투구가 가능해 시장선점에 유리하다.

옛날부터 큰돈을 번 부자들은 다 무역업으로 돈을 벌었다. 왜냐하면 자본이 가장 적게 들어가면서도 자신이 부지런하면 할수록 더 많은 돈을 벌기 때문에 근면함이 있으면 얼마든지 돈을 벌 수 있기 때문이다. 이러한 면에서 봤을 때 '중국 보따리 무역'이란 듣기에는 고생스럽게 느껴지고 미천한 직업으로 인식될지 모르지만 진정 돈 맛을 아는 사람이라면 중동사막의 카라반, 실크로드를 횡단하던 상인들처럼 우리나라 보부상의 후예로서 분명 '중국 보따리 무역'에 몸을 맡기게 될 것이라 본다.

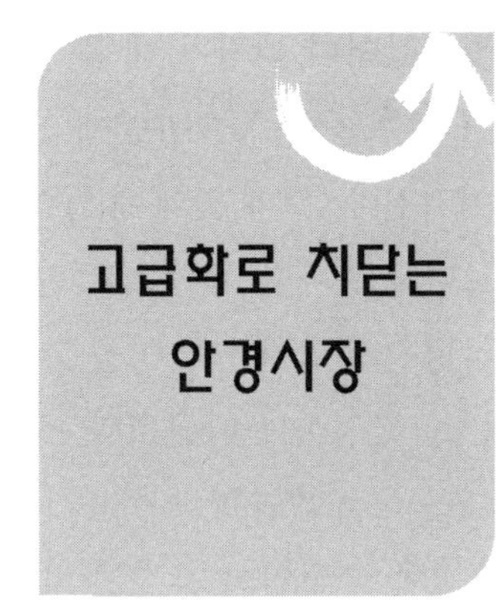

중국은 많은 인구를 가지고 있는데다가 급격한 노령화가 이루어짐에 따라 인구 중 안경을 소유하는 사람의 비율이 점차 높아지고 있어 앞으로 안경 산업의 성장 잠재력이 높을 뿐 아니라, 저렴한 생산원가를 무기 삼아 가격 공세를 벌임으로써 안경생산 대국으로도 급격히 부상하고 있다. 실제 중국의 3억 2,000만 명의 중, 노년 인구 중 90퍼센트가 안경을 착용하고 있으며, 2,000만 명의 학생 중에서 80퍼센트가 안경 수요층이라는 조사결과가 있을 정도다.

우리 딸은 중국에서 현재 고등학교에 다니고 있는데 초등학교 4학년이 될 무렵부터 안경을 쓰기 시작했다. 그때 이미 자기 반(중국 초등학교) 40여 명 중에서 안경을 쓰지 않은 학생이 거의 없을 정도였다고 하니 중국 학생들의 안경 착용률이 얼마나 높은지 미루어 짐작할 만하다. 딸의 경우에도 안과에서 조금 신경을 써서 안경 없이 시력교정을 하는 방법을 찾았더라면 지금까지 안경을 쓰지 않아도 되었을 것 같은데, 당시 근방에서 제일 진료를 잘 한다는 인민종합병원 안과를 찾아갔더니 의사가 대뜸 '안경을 착용하라'고 하며 바로 몇 가지 안경을 추천해 주는 바람에 안경을 쓸 수밖에 없었던 것이 무척 아쉽게 여겨진다. 그때 안과에 들어서면서 무척 놀랐던 것은 관련 의료기기보다도 판매를 목적으로 진열된 안경이 훨씬 더 많다는 점이었다. 중국병원의 안과는 눈병을 고치거나 시력을 교정해 주는 곳이라기보다는 안경점이나 다름없다. 중국인들의 안경 착용률이 그렇게 높은 데에는 이처럼 분명한 이유가 있는 것이다.

요즘 중국인의 안경 소비성향은 기본기능을 위주로 생각하던 시점에서 벗어나 개성화, 브랜드화, 고급화 등을 추구하는 추세가 뚜렷해졌다. 1인당 안경 보유량도 늘고 있다. 얼마 전 중국 언론에서는 안경산업을 '중국 10대 폭리산업'으로 선정한 바 있다. 그만큼 수요도 많고 이윤도 많이 남긴다는 말이다. 최근 8년간 중국의 안경시장은 연간 17퍼센트의 성장률을 보이고 있으며 매년 시장수요량은 5,000만 개로 연간 판매액은 200억 위안(약 3조원)에 달하고 있다. 이러한 안경 산업의 호황에 대한 전망과 함께 낮은 진입장벽으로 외국기업의 중국 안경시장 진출이 늘어나고 있다. 세계적으로 유명한 안경업체인 이탈리아 〈룩소티카(Luxottica)〉사는 북경에 있는 설량안경유한공사(雪亮眼鏡有限公司)를 인수하였다. 북경설량안경유한공사는 전국적으로 79개의 체인점을 보유하고 있어 〈룩소티카〉는 세계적으로 총 149개 안경점을 보유한 대형업체로 거듭나게 되었다. 이런 대형업체의 예를 들지 않더라도 중국의 안경시장은 어마어마한 잠재력을 가지고 있는 시장임에 틀림없다. 점차 고급화, 브랜드화 되어가는 중국 안경 산업의 틈바구니에서 프리미엄 전략을 통해 중산층 이상을 공략할 수 있다면 분명 대박을 터뜨리는 데 한몫을 톡톡히 할 것이다.

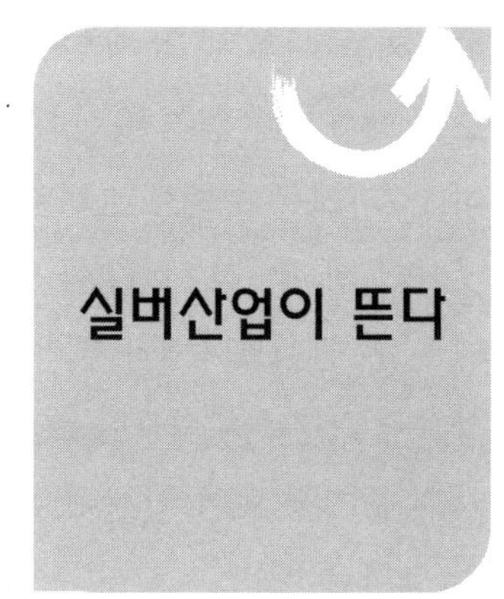

실버산업이 뜬다

최근 들어 중국의 급속한 중공업화와 도시화는 세계적인 원자재 대란을 일으켰다. 2002년에 톤당 100달러 하던 고철(古鐵) 시세가 2004년도에는 250달러, 2008년 현재에는 무려 769달러까지 인상됐다. 우리나라처럼 수출이 산업전반을 좌우하는 수출 중심의 국가에서는 이처럼 경제대국화의 길을 질주하고 있는 중국 경제의 움직임을 주의 깊게 분석하지 않으면 안 된다. 아예 '21세기는 중국의 세기'라고 규정하고 중국의 부상을 브라질 · 러시아 · 인도 등과 같은 자원이 풍부하고 성장 잠재력이 무한한 신흥개도 국가와는 다르게 평가하는 국제적인 연구기관들도 흔하다.

향후 20~30년 동안, 중국이 겪게 될 변화를 예상해 볼 때 떠오르는 가장 중요한 문제점의 하나는 중국이 바로 고령화 사회로 진입하고 있다는 것이다. 중국의 인구 정책은 지난 반세기 동안 급격한 변화를 겪어 왔다. 마오쩌둥(毛澤東) 시대에는 '인구는 곧 국력(國力)'이라는 구호 아래 출산장려정책을 실시하여 1970년대에는 출산율이 무려 6퍼센트 대를 기록하기도 했다. 그러나 폭발적인 인구증가를 우려한 마오쩌둥 이후 중국 정부에서는 1979년부터 가구당 자녀 한 명만 갖도록 제한하는 엄격한 산아제한정책을 실시하였다. 최근에는 출산율이 1.7퍼센트 수준으로 하락했고, 도시 지역의 출산율은 1.2퍼센트로 낮아진 상태이다. 이같이 엄격한 산아제한 정책이 없었더라면 1980년 이후 현재보다 3억 명의 인구가 더 늘어났을 것으로 추산된다. 이 산아제한정책은 인구폭발을 방지하는 효과를 가져왔지만 그에 못지않은 문제점 또한 양산했으니, 고령화 사회로 진입을 앞당기는 방아쇠 역할을 했다는 것이다. 2000년에 이미 중국은 65세 이상 인구가 총인구의 7퍼센트를 차지해서, 유엔이 규정한 고령화 사회의 기준을 넘어섰다.

일반적으로 고령화 현상은 평균수명의 상승과 출산율의 저하가 원인이다. 중국은 1979년부터 실시한 '1가구 1자녀' 정책에 따라 출산율이 급격히 하락한 데 비해, 평균수명은 1950년대의 40세에서 현재 72세로 증가했다. 인구문제 전문가에 따르면 2015년까지 중국인 3명 중 1명은 나이가 50세 이상이 될 전망이라고 한다. 현재는 60세 이상 인구가 총인구의 10분의 1 수준이지만 2030년에는 4분의 1, 그리고 2050년이면 3분의 1이 될 것으로 전망하고 있다. 중국처럼 개발도상국이면서 고령화 사회로 진입하는 것은 인류 역사상 전무후무한 일이다. 프랑스, 미국 등 다른 나라들은 1인당 국민소득이 약 1만 달러 수준에 이르렀을 때 고령화 사회로 진입했다. 따라서 중국에서 고령화 사회에 대한 부담은 더욱 커질 수밖에 없다. 앞으로 15년 이후면 '1자녀 정책'을 실시한 첫 번째 세대가 은퇴할 시기가 되는데 이때부터는 중국에서 말하는 소위 '4-2-1 공식'이 본격적으로 적용되는 시기이다. 즉 외아들 또는 외동딸로 성장한 성년 1명이 이미 퇴직한 부모 2명과 조부모 4명을 부양해야 하는 상황이다. 따라서 현재 중국은 노령인구를 위한 적절한 사회보장 체제를 시급히 수립해야 할 시점에 다다랐다. 이러한 중국의 세대별 상황으로 미루어 봤을 때 대도시의 부유한 퇴직자를 위한 실버산업은 분명 매력적인 비즈니스 기회가 될 가능성이 있다.

내가 사는 하북성 진황도 시는 중국에서 가장 유명한 '북대하'라는 휴양지가 있다. 북경의 주요 행정부처는 매년 여름 이곳으로 사무실을 옮겨 업무를 본다. 그래서 중국인들은 이곳 북대하를 '하도(夏都, 여름 수도)'라고 부를 정도이다. 북대하에는 각 기업의 연수원과 별장들이 많고 최근 들어 부유한 퇴직자들을 대상으로 하는 양로원이 성업 중에 있다. 이러한 양로원들은 우리나라에서 최근 몇 년간 건립된 고급형 실버타운 형태로, 입주한 노인들에게 쾌적한 주거환경과 적절한 의료서비스를 제공하는 등, 다른 업체들과의 차별화에 나서고 있다. 중국의 부유층은 그들의 인구비례만큼 많다. 세계적인 자산관리회사 메릴린치가 발표한 〈세계 재부 보고서〉에 따르면, 현재 중국에 23만 6천 명의 백만장자(금융자산 100만 달러 이상)가 있으며 이들의 재산을 모두 합치면 9,690억 달러에 이른다고 한다. 그러므로 중국에 늘어나는 중산층 이상의 노년층을 대상으로 하는 실버산업은 앞으로 유망한 업종 중 하나가 될 것이 분명하다.

현재 중국의 완구시장 판매액은 이미 140억 위안을 넘어섰다. 게다가 매년 약 40퍼센트의 증가세를 거듭하여 2010년에는 1,000억 위안 이상의 대형 시장으로 성장할 것으로 전망되고 있다. 현재 중국의 14세 이하의 아동인구는 약 3억 명으로 전체 인구의 20퍼센트 정도를 차지한다. 물론 중국의 소득수준을 감안할 때, 인구수가 시장의 절대적 크기를 반영한다고 할 수는 없지만 약 8,000만 명의 아동인구가 도시에 거주하고 있으며 이들의 절대다수가 외아들이거나 외딸이라는 점에서 시장 잠재력이 매우 크다는 점은 누구도 부인하지 않는다.

더구나 중국인의 소득수준 증가에 따라 도시지역을 중심으로 자녀교육에 대한 열기가 높아지고 있는 까닭에 완구 역시 자녀교육열의 영향을 많이 받고 있다. 북경, 상해, 광주 등 대도시 가정에서 완구 구입에 지출하는 비용은 전체 소득의 2.5~3퍼센트에 해당할 정도라고 하니, 부모들의 자식 사랑은 세계 어느 곳에서나 공통되는 현상이 아닌가 싶다. 아직까지 일반적으로 100위안 이하의 저가제품이 시장을 주도하고 있으나 고소득 계층은 1,000위안 이상의 고급제품을 거리낌 없이 구매하는 등 전략을 달리하면 진출의 가능성은 그만큼 크다고 볼 수 있겠다.

현재 중국 시장 내 완구종류는 약 3만 여종으로 종수는 많으나 대부분이 4~8세의 아동을 대상으로 하고 있다. 영아와 성인용 완구시장은 걸음마 단계에 지나지 않는다. 특히 영아를 위한 아이디어 장난감은 성공 가능성이 매우 큰 아이템이라고 할 수 있다. 첨단기능의 전자완구 제품으로 대부분이 교육기능을 포함하고 있는 제품들이 중국 시장에서 사랑을 받고 있다는 사실로 미루어 보아도 부가가치가 높은 장난감으로 승부하면 충분히 성공을 거둘 수 있을 것으로 보인다. 이 밖에도 전통적인 인형이나 블록형태의 완구에 대한 수요도 적지 않으며 환경의식의 제고에 따라 건강을 고려한 친환경 제품의 잠재력도 클 것으로 판단된다.

중국은 전 세계 완구의 생산 중심지이기도 하다. 전 세계 제품의 약 75퍼센트를 중국산 제품이 차지하고 있다. 특히 광동성, 절강성, 상해시, 산동성, 절강성, 복건성 등 5개 성과 상해 시가 주요 생산지역이다. 지역별로는 광동, 복건성이 전동제품 및 플라스틱 제품을 주로 생산하는 반면 상해 시는 주로 섬유 완구제품을, 절강성은 목제제품을 주로 제조한다. 대부분의 대형 완구생산 업체들은 수출비중이 상당히 높으며 주문자 상표부착(OEM)방식도 많이 활용하고 있다. 중국 제품의 상당수가 가격 경쟁력을 내세우고 있는 저가품 위주로 저가시장을 장악하고 있는 반면 고가시장에서는 큰 힘을 발휘하지 못하고 있는 것도 특징이다. 중국 내 완구 판매의 주요 채널은 백화점, 창고형 매장, 전문점, 소형 완구점, 아동용품 전문점 등이며 백화점과 창고형 매장이 현재까지는 가장 큰 유통채널이다. 중국의 저렴한 가격의 장난감을 한국으로 들여와 이익을 남기는 것도 좋지만 튀는 아이디어의 장난감으로 3억 중국 어린이들에게 기쁨을 주는 것이 더 큰 대박의 가능성을 가지고 있음은 두말 하면 잔소리다.

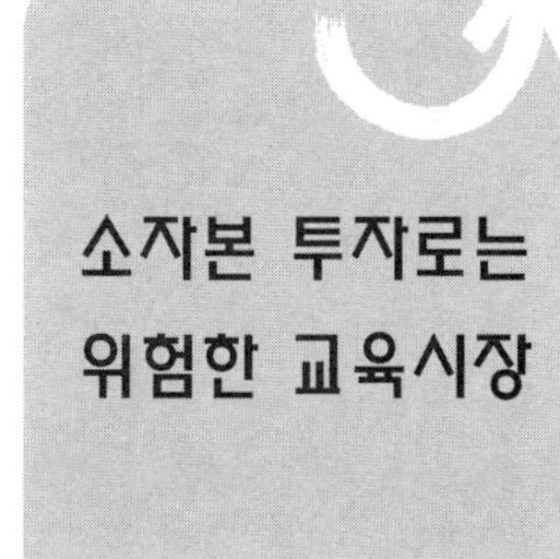

소자본 투자로는
위험한 교육시장

중국 대학이 집중되어 있는 북경의 우다커우(五道口) 거리에는 중국 유학 붐이 일면서 한국의 학원이 앞다투어 생겨나고 있다. 국내기업들의 중국행 러시가 이루어진 지도 벌써 10년이 넘는다. 중국으로 건너가는 기업이 늘어남에 따라 학생들의 중국행도 이어지고 있다. 중국에 유학 중인 한국 학생은 현재 4만여 명에 달한다. 부모를 따라 중국에서 생활하는 학생까지 합치면 그 숫자는 훨씬 더 늘어난다. 이처럼 중국에 체류하는 한국 학생이 급증하면서 학원 사이의 경쟁도 날로 치열해지고 있다. 자녀교육이라면 미친 듯이 달려드는 한국 부모들이 중국에서도 돈을 쏟아 붓고 있기 때문에 국내의 학원자본도 중국 진출에 발벗고 나서게 된 것이다. 중국 대학 입시 학원에서부터 최고급 어린이 영어 유치원, 국내 대학 특례입학을 위한 전문 학원 등, 학원 경쟁은 그야말로 전쟁을 방불케 한다.

학원 전쟁은 북경을 주 무대로 벌어지고 있다. 북경 거주 한국교민은 10만 명 선이며 유동인구까지 합하면 현재 20만 명을 넘어설 것으로 추정된다. 북경 북서쪽의 우다커우 거리에는 북경대, 청화대, 어언문화대학 등 중국의 유명대학들이 모여 있다. 이 지역은 한국 학원사업이 처음 시작된 곳이기도 하지만 격화된 학원 전쟁이 한참 진행 중인 곳이기도 하다. 2003년 7,500명 수준이던 북경의 한국 유학생은 2008년도에는 약 2만 명 안팎으로 늘었다. 어느 곳이나 학생이 모이는 곳에는 학원이 들어서게 마련이다.

발 빠른 국내 학원사업자와 일부 중국인들은 이미 1990년대 중반 이 거리에 중국어 회화와 어학시험(HSK)을 준비하는 학원을 열었다. 지구촌학원과 해연학원, 신교외국어학원이 초창기 외국어를 가르친 대표 주자이다. 중국에 정식 외국어고등학교를 설립하면서 함께 어학원을 연 신교외국어학원은 현재 왕징(望京), 푸싱먼(復興門)과 옌사(燕莎), 사이터(賽特) 4곳에 어학원을 설립하는 등 가장 강세를 보이고 있고, 우다커우와 한국인 밀집 거주지역인 왕징에는 중국어와 영어를 가르치는 학원이 10여 곳에 이를 정도로 학원 업계에는 호황이 지속되고 있다. 외국어 교육 사업이 워낙 호황을 누리자 이제는 중국 대학들마저 관심을 갖고 너도나도 뛰어들고 있는 실정이다. 북경의 어언문화대학은 물론 왕징에 있는 '경제간부관리학원'과 '청년정치학원' 등은 중국어 교육프로그램을 만들어 한국인 끌어들이기에 한창이라니 이쯤 되면 경쟁도 점입가경이라 할 만하다.

최근 들어 중국 내 한국인을 둘러싼 학원 경쟁은 어학 이외의 분야로까지 확산되고 있다. 국내의 내로라하는 입시전문학원이 중국에 잇따라 발을 내딛고 유명 학습지의 상륙도 시작됐다. 6~7년 전부터 불어오기 시작한 조기유학 열풍이 이제 대학입시로 이어진 결과다. 중국에 진출한 모 유명 학원의 대표는 "북경의 학원시장은 어학연수에서 입시 위주로 변하고 있다. 갈수록 유학연령이 낮아지면서 이 같은

278

경향은 더 확산될 것으로 보인다"고 말했다. 교육시장 확대가 불을 보듯 뻔하다는 이야기다. 북경에는 중국의 최고 명문인 북경대, 청화대, 인민대 입학을 목표로 하는 전문입시학원이 생기고 있다. 2001년 문을 연 청산학원과 ECC, 고려학원 등은 모두 중국 대학 입시전문학원이다. 청산학원의 경우 국내 유학생은 물론 청도, 연태, 대련 등지에서 중국 고등학교에 다니던 한국학생도 모여들고 있다. 2004년도에 중국에 진출한 종로학원은 한국인이 많은 왕징과 가까운 라이광잉(來廣營)에 자리를 잡고 전통의 강호다운 모습을 보이고 있다. 학습지 시장도 본격적으로 개막되고 있다. 대교의 눈높이가 지난해 왕징에서 사업을 시작한 데 이어 한솔교육도 갈수록 늘어나는 기업 주재원 자녀와 조기유학생들을 목표로 중국에 첫 발을 내디뎠다. 중국의 교육환경이 하도 열악하다보니 이들 학습지는 반독점적인 성격마저 띠면서 가격이 국내보다 오히려 비싸게 판매되고 있을 정도로 인기다.

하지만 중국의 교육시장은 현재 완전히 개방되지 않은 상태이다. 북경의 경우 200만 위안(약 3억 원) 이상 투자한 경우에 한해 교장을 중국인으로 선임하는 것을 조건으로 합자 교육법인을 허용하고 있다. 투자금액이 이보다 적을 때에는 중국인이 대표로 나서는 경우가 있다. 중국인이 대표가 되면 소유권 분쟁에서부터 잡음이 뒤를 따른다. 14년 전 한·중 합작 형식으로 북경에서 정식 고등학교를 연 어느 관계자는 "중국 내 학원 사업은 적은 자본으로 진출하는 데 가장 큰 문제가 있다"고 말했다. 투자금이 너무 적을 때는 잘 되어도 법적인 문제가 발생하고, 잘 안 되면 어려움이 가중되기 때문이다. 많은 사람들이 중국에서의 교육 사업에 관심을 가지고 있는 것은 사실이다. 하지만 소자본으로 투자하기에는 아무래도 적지 않은 위험이 따르니 신중히 고려하고 투자를 결정하여야 할 것으로 보인다.

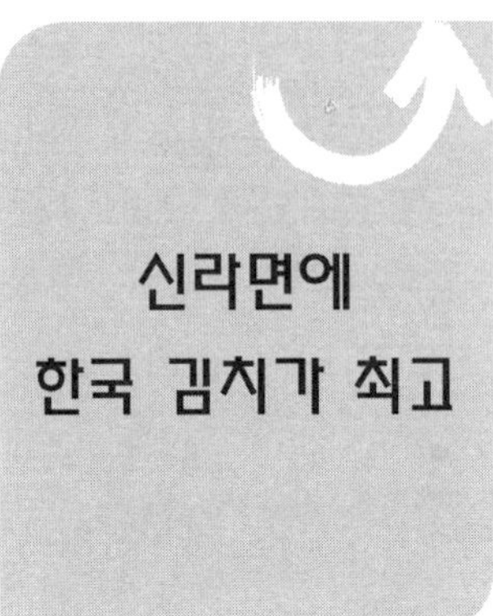

사천 사람들을 제외한다면, 중국인들은 대체로 매운 음식을 잘 못 먹는 편이다. 하지만 그런 사람들조차도 한국 음식이라면 땀을 뻘뻘 흘려가면서라도 기를 쓰고 찾아 먹는 길을 택한다. 내가 잘 아는 중국인들의 말을 빌리자면 너무너무 매운데도 자꾸만 한국 음식을 찾게 되는 것은 중국 음식에는 없는 독특함이 있기 때문이라고 한다. 그 중에서도 유독 중국인들의 사랑을 듬뿍 받는 음식이 있으니, 바로 김치와 신라면이다. 종류가 워낙 다양하고 특색을 가진 요리가 많아 웬만한 음식 가지고는 경쟁력을 확보하기가 어려운 중국 시장 상황에서, 이처럼 소비자의 확실한 반응을 얻어냈다는 사실은 우리 음식, 나아가 우리 고유의 것이 세계를 대상으로도 충분히 경쟁력이 있음을 알리는 아주 고무적인 현상이라 할 수 있다. 나는 김치나 신라면이 거둔 성공이 중국 진출을 꿈꾸는 사람들에게 분명 어떤 교훈을 주고 있다고 믿고 있기 때문에, 중국에서 자신의 가능성을 시험하고자 하는 사람들에게 작은 도움이 되기를 바라며, 간략하게

280

○ 중국 슈퍼마켓에 진열되어 있는 신라면

나마 이들 업종의 성공기를 소개해 보려고 한다.

중국 내 최대 김치생산지는 청도(靑島)이다. 수 년 전부터 20군데에 달하는 김치공장이 가동되어 왔지만 초기 이들 공장에서 만들어지는 김치의 대부분이 한국으로 보내졌다. 업체들은 한국 수출을 주로 하고, 일부 물량만을 중국에 진출한 한국인과 조선족을 대상으로 판매하고 있었을 뿐이다. 북경의 경우에도 길엽(吉葉), 영생(靈生) 등 조선족 김치가 주로 한국인과 조선족을 대상으로 장사를 벌여 규모는 크지 않지만 나름대로 탄탄하게 운영하였다. 그런데 2003년, 중국을 비롯한 전 세계를 강타한 '사스(SARS)'가 시장 판도를 완전히 바꿔 놓았다. 중국에는 당시 사스를 예방할 수 있는 의약품이 특별히 없었는데 김치에 들어 있는 마늘, 생강 등이 사스 감염을 방지하는 데 특별한 효력이 있다는 소문이 돌면서 불티나게 팔려나가기 시작했던 것이다. 이를 계기로 중국 시장에서의 김치 판매액은 하루 아침에 획기적으로 늘어났고 김치는 이제 더 이상 한국인과 조선족만을 대상으로 하는 상품이 아니라 그보다 몇 배가 많은 중국인을 상대로 한국의 맛을 알리는 전도사 역할을 하고 있다.

이처럼 좋은 기회를 그대로 두고 볼 사람은 없다. 중국에서 김치 판매가 호조를 보이기 시작하자, 국내 시장을 석권한 종갓집 김치는 즉각 공식적으로 중국 진출을 천명했다. 종갓집 김치는 북경 북동쪽 밀운(密云) 구에 대규모 공장을 짓고 판매전에 뛰어들었다. 이들은 구멍가게에 가까운 조선족 김치를 제치고 빠른 속도로 중국 소비자들의 입맛을 사로잡으며 중국 시장에서의 김치 전쟁의 서막을 알렸다. 그러나 중국에 이미 자리잡고 있는 브랜드들의 반격도 만만치 않았다. 한국에는 알려지지 않았지만 중국 현지에서 탄생하여 중국 시장에 깊이 뿌리내린 브랜드가 있었다. 바로 한상 김치와 경복궁 김치가 그 주인공들이다. 중국 남부 계림(桂林)에서 김치를 만들어 한국으로 수출하던 한상 김치는 2005년 초, 북경에 공장을 세우며 사세를 급격하게 확장해 나가고 있다. 한상 김치는 북경에 상륙한 일본계 '세븐일레븐' 매장과 공급계약을 맺으며 그 성가를 높였다. 또 다른 성공 브랜드인 경복궁 김치는 청도를 근거지로 하는 오래된 한국 김치회사이다. 1990년대 말부터 꾸준히 시장에서 점유율을 높여온 경복궁 김치는 현재 청도와 상해의 김치시장을 석권하여 가히 전설적인 성공 신화를 이루어 냈다. 그 어마어마한 상해 시장을 무려 70퍼센트나 점유하고 있을 정도이니 이들의 성공에는 그저 입이 쩍 벌어질 따름이다.

김치를 찾는 중국인들은 해마다 폭발적으로 늘어나고 있다. 앞으로 제2의 제3의 경복궁 김치는 계속하여 나올 것으로 보인다. 오늘날 중국의 김치시장은 매출액을 기준으로 50억 원을 넘는 것으로 추산되고 있으며, 2008년 북경올림픽을 전후해 연간 200억~300억 원대의 시장으로 성장할 것이라는 전망이 나와 있다. 몇 년 전만 하더라도 정말 조선족 몇몇이 모여 구멍가게 식으로 만들어 팔던 중국 김치 시장이 고성장을 주도하는 새로운 블루오션으로 떠오르게 된 것이다. 하지만 불과 몇 년 사이에 중국 김치시장이 급속히 확대된 결과, 현재 대규모 생산업체에서 가내수공업 수준의 공장에 이르기까지 김치를 만들어 파는 곳만도 전국적으로 100곳이 넘는 등 과당경쟁이 심화되는 느낌도 없지 않다. 마치 15년 전 처음 김치가 일본시장에 상륙할 때와 비슷한 김치 전쟁이 벌어지고 있는 것이다. 이 치열한 김치 전쟁에서 성공한 이들의 발자취를 쫓다 보면 바로 '맛' 그 자체에 비결이 숨어 있다는 사실을 쉽게 알 수 있다. '책상, 의자만 빼고 네 발 달린 것은 다 먹는다'는 중국인의 소문난 식성과 미각을 받쳐주지 못하면 김치시장에서 퇴출당한다. 중국 김치 업체들이 한국계 김치 업체들보다 경쟁력에서 뒤지는 것은 바로 진정한 한국의 맛을 제대로 내지 못하고 있기 때문이다. 따라서 비록 소자본이라도 맛만 제대로 낸다면 김치 전쟁의 틈바구니에서도 분명 승산이 있다.

신라면의 성공비결 또한 가장 한국적인 맛에 있었다. 맨 처음에 농심이 중국시장에 진출한 것은 1996년으로, 대만의 식품업체와의 합작으로 중국시장에 진출했다. 양자는 본래 무역 제휴관계에 있었는데 농심은 대만 식품업체의 쌀과자를 수입해 팔고, 대만은 농심의 신라면을 수입해 팔았다. 이러한 관계를 바탕으로 대만 측은 농심 라면의 중국시장 진출의사를 타진했고, 결국 50 대 50의 지분으로 중국에 합작투자가 이루어졌다. 애초에는 농심 측이 생산을 담당하고 대만 측은 마케팅을 맡기로 하였으나 브랜드 사용문제를 놓고 양자 간에 충돌이 발생해 1998년에 농심은 대만 측의 지분을 인수하고 독자투자로 전환하기에 이른다. 그 뒤 농심은 1998년 상해 공장에서 처음

283

신라면을 생산한 것을 필두로, 1999년에는 청도에서 원료(스프)공장을 가동시켰고, 2000년에는 심양에서도 라면을 생산하는 등 확장 일로를 걷고 있다.

농심의 해외 진출 전략은 기본적으로 한국의 맛을 유지하는 데 있다. 상품 차별화를 통해 고유의 시장을 확보하고, 브랜드 이미지 구축, 수익률 향상 등을 목표로 삼는다. 이러한 전략의 채택은 과거의 시행착오로부터 얻은 교훈이다. 1980년대 초반에 농심은 미국과 일본 시장을 개척할 때 현지의 입맛으로 조정된 상품을 보냈는데, 현지인의 호응을 이끌어내는 데 실패했다. 수출은 느는 데 비해 이익이 거의 없고 브랜드 이미지도 제대로 형성되지 않는다는 딜레마에 빠져들었다. 농심은 1985년에 신라면을 출시해 한국시장에서 크게 성공한 후, 1986년 서울 아시안게임과 1988년 서울 올림픽을 활용해 신라면을 일본 등 해외시장에 수출했는데, 이때부터 한국 맛이 해외시장에서 자리잡기 시작했다. 현재 신라면은 약 80개 나라에 수출되고 있으며 중국 고가품 시장에서도 확고한 입지를 확보한 상태이다. 전국 주요 도시의 외국인 투자 할인점이나 중·대형 슈퍼마켓, 편의점 체인에 나가보면 신라면이 중심 매대를 차지하지 않은 경우가 거의 없다. 특히 북경의 까르푸 매장에서 신라면은 단일 품목 가운데서 매출 1~2위를 차지할 정도이다.

중국에서 한국 맛으로 승부를 거는 배경에는 다 이유가 있다. 중국은 영토가 방대해 지역별로 입맛이 다른데, 만일 맛을 현지화하려면 각 지역에 따라 다른 맛을 선보여야 한다는 난점이 생긴다. 그리고 아무리 중국에서 위조나 복제가 탁월하다고 해도 신라면만큼은 복제할 수 없다는 제품의 품질과 차별성에 대한 강한 자신감을 농심 경영진이 가지고 있었다는 점도 또 하나의 이유가 되겠다.

물론 신라면도 진출 초기에는 제품 마케팅상 여러 가지 난관을 극복해야 했다. 우선 중국에서 신라면의 브랜드 이미지가 동북 3성 지역을 제외한 타 지역에는 전혀 형성되어 있지 않았다. 게다가 당시만해도 라면 제조업체가 전국적으로 수천 개에 달해 시장이 포화상태였다. 세 번째 문제로는 중국인들은 끓여서 먹는 라면에 익숙지 않다는 점을 들 수 있다. 내가 중국에서 파견근무를 할 때, 우리 회사 중국인 기혼 직원들은 99퍼센트가 맞벌이 부부이기 때문에 회사에 출근하여 아침식사를 한다. 이들이 먹는 아침식사의 99퍼센트가 라면이다. 그런데 이들은 라면을 끓여서 먹는 것이 아니라 반합에 라면을 넣고 뜨거운 물을 부어 마치 우리의 컵라면처럼 먹는 것이다. 이처럼 중국에서 생산되는 라면들은 중국인들의 생활패턴을 고려하여 면을 두 번 튀겨 뜨거운 물만 부으면 먹을 수 있도록 만들어 놓았다. 그래서 중국인들은 뜨거운 물만 부으면 되는 소위 '방편면(方便麵, 편리하게 먹을 수 있는 라면)'에 익숙해져 있었고, 끓이는 라면인 신라면을 생소하게 여겼다. 이러한 단점을 극복하기 위해, 농심은 맛과 마케팅의 차별성을 부각시키는 전략을 추진했다.

맛과 관련해서는 "라면은 끓여야 맛있다"라는 정보를 홍보하면서 '끓이는 라면'임을 포장지에 명시했다. 아울러 "면발이 푸석하지 않고 쫄깃하다" "양이 풍부하다" "맵다"라는 이미지를 부각시켰다. 마케팅 측면에서는 "저가로 팔지 않는다" "품질은 코카콜라처럼 전 세계에서 동일하다" "외상판매는 하지 않는다"는 점 등을 강조했다. 결과적으로 볼 때 이러한 차별화 전략은 주효했고, 신라면은 중국의 주요 도시에서 고가의 '끓이는 라면' 시장을 주도하는 업체 중의 하나로서 입지를 확보하게 되었다.

농심은 진출 초기에 시장진입의 어려움에도 불구하고 저가전략을 절대로 쓰지 않았다. 이는 제품의 품질과 차별성에 대해 자신감이 있는데다가 브랜드 이미지 구축, 이익률 보장 등을 위한 것이었다. 가격 면에서 보면 신라면은 당시 경쟁사 상품보다 배 이상 높게 책정되었다. 초기에 신라면은 북경에서 3위안 이상에 팔렸고, 현재는 슈퍼마켓에서 할인 가격으로 2.7~2.8위안(약 324~336원)에 팔린다. 한국에 비해서도 결코 싸지 않은 가격이다.

이와는 반대로 1990년 초에 청도에 진출한 삼양라면의 경우에는 0.8위안의 저가, 저급품으로 진출했었다. 삼양라면이 실패한 것은 중국측 공동 투자자와의 경영마찰이 주된 원인이겠으나 경쟁사들과 차별되지 않는 저가품으로 진출하려 했던 점도 경영실패의 원인이다.

농심은 진출 초기에 경쟁사 상품과의 차별성을 부각시키기 위해 신라면의 특징적인 정보를 홍보할 필요가 있었다. 그래서 상품 포장지에 신라면의 특징을 선전하는 문구를 명기했다. 또한 비싼 광고비용을 지불하더라도 TV 광고를 적극 활용했다. 품질에 자신이 있으므로 먹어본 사람은 다시 찾을 것이라고 믿어, 대형 상점을 찾는 사람들에게 증정이나 경품으로 나눠주거나 시식회도 자주 열었다. 농심은 이러한 광고수단 외에 구전 효과도 간접적으로 활용했다. 농심 측은 중국에서 고가 라면을 구매하는 사람들이 일반적으로 중류층 이상이므로 여론을 주도하는 효과가 있다고 보고 있다. 한편 내몽고 등 중국 내륙 지역은 상해나 심양 공장으로부터 거리가 멀어 물류비 부담이 컸지만 장기적인 광고 선전 효과 차원에서 상품을 계속 유통시키고 있다.

나는 이러한 김치와 신라면의 성공사례가 중국에 요식업으로 진출하려는 사람들의 성공 비결과 일맥상통한다고 본다. 한국 음식을 너무 중국 사람 입맛에 맞추려고 하다가는 고유의 이미지를 잃고 3류 식당으로 전락할 수 있다.

내가 사는 진황도에는 〈오륙도〉라는 한국식당이 있다. 이 식당의 주인은 식품영양학과를 졸업하고 부산에서 식당을 경영하다가 2년 만에 보기 좋게 망하여 중국으로 건너와 다시 한 번 식당을 차렸는데 중국에서는 크게 성공하였다. 그도 식당 성공의 핵심은 장소와 맛이라는 것을 첫 사업 실패를 통하여 뼈저리게 느끼고 중국에서 식당을 차렸을 때는 중국 사람들의 입맛에 맞추기 위하여 이리저리 맛을 바꾸기보다는 한국 고유의 맛을 내는 데 주력했던 것이다. 그 결과 〈오륙도〉라는 식당은 진황도는 물론이고 진황도로 관광 오는 천진, 북경 사람들에게까지 널리 알려질 정도로 유명한 식당이 되었다. 결국 그가 성공할 수 있었던 주요 원인은 한국 음식 고유의 맛을 지켜갔다는 것이다. 그는 이후 천진에 〈동해바다로〉라는 분점과 소중에도 한국 식당을 차려 부산에서 사업을 말아 먹었던 추억을 말끔히 씻고 성공한 사업가로 우뚝 섰다. 이것은 북경 연사백화점 지하에서부터 시작하여 중국 전역에 체인점을 거느리게 된 한국식당 〈서라벌〉도 마찬가지이다. 중국에서 근무해 본 사람이라면 〈서라벌〉이란 고급식당을 모르는 이가 없다. 이 식당의 성공 비결도 청결유지와 한국 고유의 맛을 지키는 것이었다.

신라면이나 〈오륙도〉, 〈서라벌〉의 공통점은 바로 한국의 맛을 중국 사람 입맛에 맞추려 전전긍긍하지 않고 우리의 전통적인 맛을 살렸다는 것이다. 이는 가장 한국적인 것이 가장 세계적인 것이라는 말이 얼마나 정확한 지적인지를 단적으로 보여주는 증거라고 할 수 있다.